Jérémie Vautard

Problèmes de contraintes quantifiées

Jérémie Vautard

Problèmes de contraintes quantifiées

modélisation, satisfaction et optimisation

Éditions universitaires européennes

Mentions légales/ Imprint (applicable pour l'Allemagne seulement/ only for Germany)

Information bibliographique publiée par la Deutsche Nationalbibliothek: La Deutsche Nationalbibliothek inscrit cette publication à la Deutsche Nationalbibliografie; des données bibliographiques détaillées sont disponibles sur internet à l'adresse http://dnb.d-nb.de.
Toutes marques et noms de produits mentionnés dans ce livre demeurent sous la protection des marques, des marques déposées et des brevets, et sont des marques ou des marques déposées de leurs détenteurs respectifs. L'utilisation des marques, noms de produits, noms communs, noms commerciaux, descriptions de produits, etc, même sans qu'ils soient mentionnés de façon particulière dans ce livre ne signifie en aucune façon que ces noms peuvent être utilisés sans restriction à l'égard de la législation pour la protection des marques et des marques déposées et pourraient donc être utilisés par quiconque.

Photo de la couverture: www.ingimage.com

Editeur: Éditions universitaires européennes est une marque déposée de Südwestdeutscher Verlag für Hochschulschriften GmbH & Co. KG
Dudweiler Landstr. 99, 66123 Sarrebruck, Allemagne
Téléphone +49 681 37 20 271-1, Fax +49 681 37 20 271-0
Email: info@editions-ue.com
Agréé: Orléans, Université d'Orléans, thèse de doctorat, 2010

Produit en Allemagne:
Schaltungsdienst Lange o.H.G., Berlin
Books on Demand GmbH, Norderstedt
Reha GmbH, Saarbrücken
Amazon Distribution GmbH, Leipzig
ISBN: 978-613-1-53707-3

Imprint (only for USA, GB)

Bibliographic information published by the Deutsche Nationalbibliothek: The Deutsche Nationalbibliothek lists this publication in the Deutsche Nationalbibliografie; detailed bibliographic data are available in the Internet at http://dnb.d-nb.de.
Any brand names and product names mentioned in this book are subject to trademark, brand or patent protection and are trademarks or registered trademarks of their respective holders. The use of brand names, product names, common names, trade names, product descriptions etc. even without a particular marking in this works is in no way to be construed to mean that such names may be regarded as unrestricted in respect of trademark and brand protection legislation and could thus be used by anyone.

Cover image: www.ingimage.com

Publisher: Éditions universitaires européennes is an imprint of the publishing house Südwestdeutscher Verlag für Hochschulschriften GmbH & Co. KG
Dudweiler Landstr. 99, 66123 Saarbrücken, Germany
Phone +49 681 37 20 271-1, Fax +49 681 37 20 271-0
Email: info@editions-ue.com

Printed in the U.S.A.
Printed in the U.K. by (see last page)
ISBN: 978-613-1-53707-3

Remerciements

Je tiens en tout premier lieu à remercier MM Christian Bessière et Lakhdar Saïs, pour m'avoir fait l'honneur de rapporter cette thèse, pour l'intérêt qu'ils ont porté à mon travail, et leurs précieux commentaires et remarques. Ma gratitude s'adresse aussi à MM. Lucas Bordeaux, François Fages et Denys Duchier pour avoir accepté de faire partie du jury de cette thèse. Je remercie également M. Arnaud Lallouet, d'abord encadrant de stage de Master 2 puis directeur de thèse, pour avoir suivi et supporté mon travail au cours de ces années.

Je tiens également à remercier M. Marco Benedetti, développeur du solveur QBF Skizzo, et qui fut co-encadrant de mon stage de Master 2 et avec qui nous avons, avec Arnaud, continué à travailler étroitement durant ma première année de thèse. Son expérience dans le domaine de l'implémentation de solveurs, et l'oeil extérieur qu'il porte sur la résolution de contraintes, ont été des plus précieux.

Cette thèse n'aurait sans doute pas été une expérience aussi enrichissante et agréable sans la convivialité des membres du Laboratoire d'Informatique Fondamentale d'Orléans. Ils sont trop nombreux pour que je les cite tous, mais je les remercie sincèrement. En particulier MM. Sylvain Jubertie, Jofrey Legaux, et Radia Benheddi, dont j'ai partagé le bureau. Mes remerciements s'adressent aussi en particulier à MM. Matthieu Lopez, Julien Tesson, et aux autres doctorants du LIFO pour les multiples (mais néanmoins mesurées) soirées, moments de détente fort appréciés.

La rédaction de cette thèse s'est achevée au laboratoire GREYC de l'université de Caen Basse-Normandie, et j'en remercie également chaleureusement les membres pour leur accueil.

2

Table des matières

Chapitre 1

Introduction

1.1 Contexte général

Résoudre des problèmes.

Le fonctionnement d'un ordinateur se résume à la manipulation et au traitement de données. Ces données pouvant représenter un grand nombre de choses, certaines très concrètes (e.g. image, son, vidéo), d'autres un peu plus figurées (e.g. plan d'une ville sous forme de chemins reliés entre eux par des carrefours), et encore d'autres totalement abstraites (e.g. formules mathématiques). Le traitement de ces données peut lui-même prendre diverses formes. Certaines se résument à une "simple" manipulation : traduction d'un format dans un autre (comme la décompression d'un média dans une forme pouvant en tour être traité par une interface sonore et graphique pour produire du son et de l'image), modification de données (par un éditeur texte par exemple), etc. D'autres consistent à répondre à une *question*. Par exemple, muni d'une liste de l'ensemble des routes de France, un ordinateur peut répondre mécaniquement à "Quel est le chemin le plus rapide pour relier Caen à Orléans en voiture ?". Ces questions peuvent être d'ordre très diverses : d'une manière grossière, on peut dire que les calculateurs de Météo France répondent sans cesse à la question : "Quel temps fera-t-il demain ?" ; en 1997, Deep Blue fut construit pour répondre à une série de questions "Quel coup sera le plus à même de mettre Garry Kasparov échec-et-mat ?". La liste serait encore très longue.

Ces questions sont en fait des instances de *problèmes* : par exemple, une calculatrice peut fournir le résultat de n'importe quelle formule mathématique construite à partir des opérateurs qu'elle est capable de traiter, et la réponse qu'elle fournit dépend de la formule qu'on lui donne en entrée. Un assistant de navigation résout le problème consistant à trouver le plus court chemin entre deux lieux. La carte du pays, le point de départ, et la destination ne sont que des paramètres qui sont donnés pour pouvoir formuler la question "Quel est le trajet le plus rapide reliant Caen à Orléans ?".

On parle de problème de *décision* lorsqu'il s'agit de trouver une solution quelconque parmi d'autres, et de problème *d'optimisation* lorsqu'un ordre de préférence établi sur les solutions potentielles, on recherche la meilleure solution selon cet ordre. La résolution d'un problème par un ordinateur se fait en appliquant un *algorithme* sur les données. Celui-ci produit une sortie qui constitue la réponse au problème.

Passer au point d'un algorithme spécial pour résoudre un problème n'est cependant pas une chose aisée. Il est toutefois possible de passer par des formalismes permettant de faciliter la modélisation de problèmes : on exprime alors des instances de problèmes données dans ce formalisme, ce qui produit des instances d'un problème général qui peut être alors résolu par un algorithme dédié à ce problème général.

On parle de *complexité* en temps et en espace d'un algorithme pour désigner le temps (ou plus précisément le nombre d'opérations élémentaires) et la quantité de mémoire dont aura besoin un algorithme pour s'exécuter en fonction de la taille des données qui lui ont été fournies [1]. Par exemple, pour fournir, à partir d'une liste quelconque de n nombres, la même liste triée, l'algorithme

---

[1]. Il est naturel, par exemple, qu'un navigateur mette en général plus de temps à répondre pour relier deux villes à travers l'Europe que que pour relier deux villes Françaises.

dit du "tri à bulles" nécessite de l'ordre de n^2 opérations, tandis que celui du "tri par fusion" ne nécessite que de l'ordre de $n.log(n)$ opérations, et deviendra donc de plus en plus avantageux pour des tailles de listes de plus en plus grandes.

Notons au passage que plusieurs algorithmes peuvent résoudre le même problème. La *complexité* de ce problème est définie comme étant la plus basse qu'on puisse trouver parmi tous les algorithmes capables de le résoudre.

La programmation par contraintes.

La programmation par contrainte (abrégé en PPC) est l'un de ces formalismes facilitant la modélisation de problèmes. Dans ce cadre, on exprime une instance d'un problème de décision sous forme d'un ensemble de *variables* entre lesquelles des relations logiques appelées *contraintes* sont posées. Chaque variable peut prendre une valeur parmi un ensemble fini de valeurs possibles appelé *domaine*. Le tout constitue un *problème de satisfaction de contraintes* (ou CSP), dont une solution est une affectation d'une valeur à chaque variable de manière à ce que toutes les contraintes posées soient vérifiées. Par exemple, posons les variables X, Y et Z, toutes trois ayant pour domaine $\{1, 2, 3\}$. On peut définir le CSP suivant :

$$X < Y; X + Y = Z$$

Ce CSP a pour solution $X = 1; Y = 2; Z = 3$. En effet, en réalisant ces affectations, les deux contraintes déclarées sont bien satisfaites.

Résoudre un CSP est un problème dont on ne connaît pas d'algorithme pour le résoudre en temps "raisonnable"[2]. Malgré cela, l'utilisation de la programmation par contraintes pour résoudre des problèmes "du monde réel" est un sujet d'étude auquel les chercheurs s'intéressent depuis des décennies. Historiquement, la première formalisation de la programmation par contraintes remonte à 1974 [41], et fut accompagnée d'une première application. De nos jours, la PPC permet de résoudre des problèmes de taille industrielle dans certains domaines. La CSPLib [36] de Ian Gent et Toby Walsh en regroupe notamment un bon nombre, et pointe vers une multitude d'articles traitant de la façon de représenter ces problèmes. La modélisation de ces problèmes a été grandement facilitée par l'utilisation de contraintes globales, liant un nombre arbitrairement grand de variables, et permettant de représenter sous la forme d'une seule contrainte des sous-problèmes qu'il serait, au pire ardu, au mieux inefficace, de représenter sous forme de contraintes "simples". Ces contraintes globales, ainsi que leurs propagateurs, sont notamment recensées dans le *Global Constraint catalogue*[8] de Nicolas Beldiceanu et al. De nos jours, plusieurs solveurs de contraintes performants sont développés, tant sous forme de logiciels libre (e.g. Gecode, Choco, Minion) que commerciaux (IBM Ilog CP, Comet, etc.).

Problèmes d'optimisation en CSP. Si on ajoute à un CSP une fonction permettant d'attribuer un score à une affectation des variables, le problème de recherche d'une solution peut être étendu au problème de recherche de la meilleure solution selon ce score. On passe alors d'un problème de décision à un problème d'optimisation, ce qui permet de modéliser toute une autre gamme de problèmes grâce à la programmation par contraintes.

Bien qu'utilisée dans des domaines divers, la programmation par contraintes ne permet pas de modéliser de manière compacte [3] des problèmes dans lesquels un adversaire ou des conditions environnementales a priori inconnues entrent en ligne de compte. Ces problèmes incluent notamment des situations de jeux où deux joueurs s'affrontent. Ces problèmes ont en effet en général une complexité supérieure à celle du problème de satisfaction de contraintes, et ce dernier n'est donc pas capable de les décrire "naturellement". Pour ce faire, il est nécessaire de passer par un formalisme ayant un pouvoir d'expression plus grand (susceptible en contrepartie de générer des problèmes strictement plus complexes à résoudre). D'un point de vue formel, le problème de résolution d'un CSP est dit *NP-complet*, ce qui signifie qu'il est capable de modéliser tous les problèmes dont

---

2. formellement, en temps polynomial, c'est à dire un algorithme dont le temps d'exécution pourrait être borné par un polynôme de la taille de l'entrée
3. i.e. sous forme d'un CSP dont le nombre de variable ne serait pas exponentiel en la taille du problème initial.

une solution est facilement [4] vérifiable. Ce résultat est une conséquence immédiate du théorème de Cook [29]. Intuitivement, les problèmes avec adversaire dépassent cette complexité car en général il faut, pour les vérifier, considérer l'ensemble des actions possibles de l'adversaire, ensemble dont la cardinalité croît de manière exponentielle avec la taille du jeu.

Des contraintes aux contraintes quantifiées.

La programmation par contraintes *quantifiées* consiste à étendre la programmation par contraintes classique en ajoutant des quantificateurs $\exists$ et $\forall$ sur les variables et en les ordonnant, l'ensemble des contraintes devant alors être vérifiées pour chaque valeur des variables universelle. Par exemple, le problème suivant :

$$\exists X \in \{1,2\} \; \forall Y \in \{1,2\} \; \exists Z \in \{2,3\} \quad X < Y; X + Y = Z$$

a une solution qui consiste à attribuer la valeur 1 à X, et à Z la valeur $Y + 1$. Notons que cette dernière dépend de la valeur de Y, ce qui est possible car Z a été déclarée après Y.

Une solution d'un problème de contraintes quantifiées (ou QCSP) est donc un ensemble d'affectations où l'on retrouve toutes les combinaisons possibles de valeurs des variables universelles. Le problème de résolution d'un QCSP est un problème PSPACE-complet (résultat énoncé par Stockmeyer en 1976 [54]), ce qui signifie qu'il est en théorie possible de modéliser dans ce formalisme tout problème dont il existe un algorithme capable de le résoudre en nécessitant un espace en mémoire polynomial par rapport à la taille de son entrée.

De par cette complexité, l'étude des problèmes de contraintes quantifiées sous un angle pratique est bien plus récente que les premiers résultats théoriques énoncés. La première notion d'arc-consistance quantifiée et les premiers propagateurs de contraintes quantifiées, qui sont les bases d'un solveur de contraintes, sont apparus en 2002 dans [19], et ont été par la suite rapidement approfondis par plusieurs travaux. Cependant, la souplesse de modélisation que permet la programmation par contraintes, alliée à l'expressivité théorique des QCSP, laissait à penser que ces derniers seraient un cadre idéal pour représenter des problèmes complexes, notamment des problèmes dans lequel intervient un adversaire ou une incertitude (ces problèmes n'étant généralement pas exprimables de manière compacte en CSP, du fait de leur complexité se situant, comme nous l'avons évoqué plus haut, a-priori en dehors de la classe NP). Seules des expérimentations sur des QCSP binaires avaient été réalisées, notamment dans [35] sur des QCSP binaires générés aléatoirement.

Plus généralement, il manquait donc encore, pour des problèmes dont la complexité est trop grande pour qu'ils puissent être raisonnablement modélisés sous la forme d'un CSP, un cadre pratique permettant de les modéliser aussi aisément qu'on le fait en programmation par contraintes classique, et aussi de résoudre ces modélisations de manière efficace. Les travaux présentés dans cette thèse s'efforcent de répondre à ce manque en proposant un nouveau formalisme, et en le mettant à l'essai sur toutes sortes de problèmes. Dans un second temps, nous étudions la signification de l'optimisation sur des problèmes de la complexité de ceux que ce formalisme permet de résoudre, et en dégageons un formalisme d'optimisation de contraintes quantifiées permettant de résoudre des problèmes d'optimisation réels.

1.2 Résumé des contributions

Cette thèse a débuté sur le constat que la modélisation de problèmes réels en QCSP revêtait quelques difficultés. Le chapitre 5 en décrit la substance, et présente les QCSP$^+$, qui sont une "extension"[5] des QCSP, destinée résoudre ces difficultés tout en mettant au point des algorithmes permettant de conserver une certaine efficacité dans la résolution des instances de cette extension.

Le chapitre 6 présente quant à lui différents aspects de la modélisation de problèmes en QCSP$^+$, à travers différent problèmes. Ces problèmes sont hors de portée d'une modélisation en problèmes

---

4. i.e. par un algorithme fonctionnant en temps polynomial par rapport à la taille du problème initial, là aussi.
5. le terme *extension* est ici à prendre dans un sens plus pratique que théorique, le problème de résolution des QCSP$^+$ faisant partie, comme nous l'allons voir dans le chapitre 5, de la même classe de complexité théorique que le problème de résolution des QCSP.

de contraintes classiques, et couvrent différent domaines allant du jeu à l'établissement d'un plan robuste à toute éventualité fâcheuse. La résolution de ces problèmes est comparée avec d'autres techniques de modélisation et formalismes ayant vu le jour durant la même période, et destinés à combler la même lacune de modélisation des QCSP.

Le chapitre 7 traite quant à lui des problèmes d'optimisation de contraintes quantifiées. Après un recensement des différents formalismes déjà existants dans ce domaine, une extension des QCSP$^+$ appelée QCOP$^+$ y est présentée, permettant de définir des critères d'optimisation sur des QCSP$^+$, exprimant, comme dans le cadre des CSP, une préférence sur les solutions potentielles du problème. Ce formalisme permet de modéliser des situations à plusieurs niveaux de décisions (où plusieurs agents agissent les uns après les autres en fonction des actions réalisées par les autres avant lui, les décisions de chacun ayant un impact sur tous).

Les travaux de cette thèse ont fait l'objet de publications préalables : le formalisme des QCSP$^+$ a été introduit en 2007 dans [12], et une application de ce formalisme à des problèmes d'ordonnancement avec incertitude (décrite dans le chapitre 6) a été présentée en 2008 dans [13]. Enfin, les QCOP$^+$ et leurs premières applications, qui font l'objet du chapitre 7, ont été présentées dans [14]. En outre, les algorithmes présentés dans ces travaux ont été implémentés dans un solveur appelé *QeCode*, dont une présentation est faire en introduction du chapitre 6.

Chapitre 2

Préliminaires

2.1 Programmation par contraintes

Bien que, dans son sens le plus large, la programmation par contraintes inclue aussi des variables à valeurs dans $\mathcal{R}$ ou d'autres ensembles continus ou, plus généralement, infinis, cette thèse se place dans le contexte de la programmation par contraintes sur des domaines *finis*, et les définitions suivent en conséquence.

Les bases de la programmation par contraintes sont déjà largement décrites dans la littérature. Le but de cette partie est essentiellement de définir les notations qui seront utilisées tout au long de cet ouvrage. Nous renvoyons le lecteur à [3] et à [33] pour une lecture approfondie sur le sujet.

2.1.1 Notations de base

Soit v une variable. On note D_v son domaine, c'est-à-dire l'ensemble des valeurs que l'on considère possible pour cette variable. Soit V un ensemble de variables. La famille des domaines de V, notée D, associe à chaque variable $v \in V$ son domaine D_v.

Soit W un sous ensemble de V. On note D^W l'ensemble des n-uplets sur W, c'est à dire le produit cartésien $\prod_{w \in W} D_w$. On note $T|_W$ la projection d'un n-uplet ou d'un ensemble de n-uplets T sur un ensemble de variables W.

Une *relation* est considérée ici comme étant un ensemble de n-uplets ayant tous la même arité. On notera $t_1, \ldots t_k$ les n-uplets d'une relation T de cardinalité k.

Une *contrainte* $c = (W, T)$ est un couple composé d'une séquence de variables W (notée aussi $var(c)$) et d'une relation $T \subseteq D^W$ (notée aussi $sol(c)$). On dit qu'une contrainte est *vide* si $T = \emptyset$, et qu'elle est *pleine* (ou triviale) si $T = D^W$.

Il existe seulement deux contraintes telles que $W = \emptyset : (\emptyset, \emptyset)$ qui est vide et $(\emptyset, ())$ qui est pleine.

Soit $c = (W, T)$ une contrainte telle que W contient une variable v ayant une valeur a dans son domaine. On note $c_{v \leftarrow a}$ la contrainte obtenue en affectant la valeur a à la variable v, c'est à dire la contrainte $(W - \{v\}, T')$ tel que $T' = \{t \in T | t_v = a\}$ est l'ensemble des n-uplets de T affectant la valeur a à v.

Un *problème de satisfaction de contraintes* ou *CSP* C est un ensemble de contraintes. Par extension, on note l'ensemble de ses variables $var(C) = \bigcup_{c \in C} var(c)$ et l'affectation d'une valeur a à une variable v $C_{v \leftarrow a} = \bigcup_{c \in C} c_{v \leftarrow a}$.

Soit C un problème de contraintes et D une familles de domaines de variables. On note $C|_D$ le problème C dont les variables sont restreintes à la famille de domaines D.

2.1.2 Sémantiques d'un CSP

Décision d'un CSP. D'un point de vue logique, on peut considérer une contrainte s'interprète de la manière suivante :

$$W = t_1 \lor W = t_2 \lor \ldots \lor W = t_k$$

Dans ce contexte, une contrainte vide s'interprète comme une contradiction (notée $\bot$), et la contrainte $(\emptyset, ())$ s'interprète comme une tautologie (notée $\top$). Un CSP peut alors s'interptérer comme la mise en *conjonction* des contraintes le constituant, ce qui lui donne une valeur de vérité.

Cette valeur de vérité constitue une première sémantique d'un CSP : on appelle *sémantique décisionelle* d'un CSP C, notée $[\![(]\!]C)_d$ la conjonction de l'interprétation des contraintes qui le constitue. Pour un CSP $C = \{c_1 \ldots c_k\}$ tel que $var(C) = \{v_1 \ldots v_n\}$, elle est donc égale à la valeur de vérité de la formule logique suivante :

$$\exists v_1 \in D_{v_1} \ldots v_n \in D_{v_n} [\![c_1]\!] \wedge \ldots \wedge [\![c_k]\!]$$

Notion de solution. La notion de solution d'un CSP émerge naturellement de la sémantique décisionnelle : pour vérifier la formule logique sus-décrite, il est nécessaire de trouver une affectation pour toutes les variables présentes de manière à ce que cette formule soit vérifiée. Proposons une définition constructive d'une telle solution :

Définition 1 (Jointure) *Soient c_1 et c_2 deux contraintes. La jointure de c_1 et c_2, notée $c_1 \bowtie c_2$ est définie comme la contrainte (W, T) telle que*
$W = var(c_1) \cup var(c_2)$ *et*
$T = \{t \in D^{var(C_1) \cup var(c_2)} | t|_{var(c_1)} \in sol(c_1) \wedge t|_{var(c_2)} \in sol(c_2)\}$

Cette jointure représente intuitivement l'ensemble des affectations des variables de c_1 et de c_2 qui satisfont ces deux contraintes en même temps. De là, on tire naturellement la notion de solution d'un CSP, en joignant toutes les contraintes le composant :

Définition 2 (Ensemble des solutions d'un CSP)
L'ensemble des solutions *d'un CSP, noté $sol(C)$, est l'ensemble* $sol(\underset{c \in C}{\bowtie} c)$

Cet ensemble des solutions forme la sémantique usuelle d'un CSP C, notée $[\![C]\!]$. Cette sémantique est liée à la sémantique décisionelle décrite plus haut par la propriété :

$$[\![C]\!]_d \iff [\![C]\!] \neq \emptyset$$

2.1.3   Résolution d'un CSP

La procédure de recherche d'un CSP la plus répandue consiste en deux étapes se répétant successivement de manière entremêlée. D'une part, le calcul d'une *consistance* permet de réduire les domaines des variables en retirant les valeurs dont on est sûr qu'elle ne participe à aucune solution. D'autre part, l'étape dite de *recherche* ou d'*énumération* consiste à scinder le problème en plusieurs parties, par exemple en instanciant une variable à chaque valeur de son domaine, créant ainsi autant de sous-problèmes à résoudre. Chacun de ces sous-problèmes est alors résolu de manière récursive, jusqu'à ce que toutes les variables soient instanciées sans qu'aucune des contraintes ne soit violée. Cette division successive en sous-problèmes dont les domaines sont de plus en plus réduits constitue un *arbre de recherche* dont les feuilles sont des instanciations complètes des variables du problème. Cet arbre est parcouru en profondeur par la procédure de résolution, l'étape de calcul de consistance revenant à élaguer de cet arbre les branches ne conduisant à aucune solution.

Calcul d'une consistance. Soit C un problème de contraintes, $v \in var(C)$ l'une de ses variables et $a \in D_v$ une valeur du domaine de cette variable. a est dite *consistante* dans C si, et seulement si au moins un des éléments de $sol(C)$ affecte la valeur a à la variable v. Le calcul de la consistance d'une valeur selon cette définition est aussi difficile que de résoudre le problème lui-même : en effet, le fait qu'aucune valeur d'une variable donnée ne soit consistante est équivalent au fait que le problème n'ait pas de solution. Afin de réduire les domaines des variables d'un CSP, des notions de consistances plus faibles (dans le sens où elles conservent des valeurs ne participant à aucune solution), mais plus rapides à calculer, sont utilisées.

L'arc-consistance (abrégée en AC, aussi appelée hyperarc-consistance ou arc-consistence généralisée – GAC – dans le cas des CSP non-binaires) est l'une des plus largement utilisées. Elle consiste, pour chaque contrainte c du problème, à calculer la consistance du CSP réduit à cette seule contrainte, en d'autres termes à retirer des domaines des variables concernées par c chaque valeur pour laquelle, au vu des domaines des autres variables, il n'existe pas de n-uplet compatible avec les domaine des autres variables et permettant d'affecter cette valeur.

Formellement, afin de calculer cette consistance, on associe à chaque contrainte $c = (W, T)$ un opérateur P_c appelé *propagateur* prenant en paramètre les variables de W et réduisant leurs domaines, éventuellement jusqu'à l'ensemble vide. Afin que la procédure de résolution soit correcte, complète et assurée de terminer, tous les propagateurs doivent satisfaire les quatre propriétés suivantes :

- monotonie : $(A \subseteq B) \to (P_c(A) \subseteq P_c(B))$,
- contractance : $P_c(A) \subseteq A$,
- correcttion : $(sol(c) \cap D^W) \in P_c(W)$ et
- singleton-completude : si D^W se réduit à un seul tuple t, alors $(t \notin sol(c)) \to P_c(W) = \emptyset$.

Pour un CSP $C = \{c_1, \ldots, c_k\}$, l'arc-consistance s'obtient en appliquant l'ensemble des propagateurs $P_{c_1}, \ldots, P_{c_k}$ autant de fois que nécessaire pour atteindre un point fixe, ou qu'un des domaines soit vidé, impliquant l'insatisfiabilité du problème étudié. Dans le reste de cette thèse, on notera $PROP$ la fonction associant à un problème de contraintes C dont $var(C) = W$ l'ensemble des domaines D'_W obtenus par calcul de l'arc-consistance. Notons que si le domaine d'une variable est vidé lors de ce calcul, on aboutit directement au résultat $PROP(C) = \emptyset$.

Partition en sous-problèmes et recherche. La procédure de recherche la plus classique pour un CSP C consiste à sélectionner une variable v de $var(C)$ ayant plusieurs valeurs dans son domaine, et de séparer le problème suivant une valeur x de son domaine : on commence par résoudre récursivement le sous problème $C \cup \{v = a\}$. Si ce sous-problème n'a pas de solution, alors on résout aussi récursivement le sous-problème "complémentaire" $C \cup \{v \neq a\}$. Si ce second sous-problème n'a pas de solution, alors C n'avait donc pas de solution non plus.

Dans le cas où le CSP n'a plus aucune variable non affectée, il suffit de vérifier la validité de chacune de ses contraintes avant de désigner cette affectation comme étant une solution. On procède à cette vérification en effectuant un calcul d'arc-consistance : étant donné la propriété de singleton-complétude des propagateurs, le fait que $PROP(C) \neq \emptyset$ garantit que le seul tuple de $var(C)$ est une solution.

La littérature appelle l'arbre ainsi obtenu par le biais des différentes affectations *arbre de recherche*. Le calcul d'une consistance élague cet arbre, réduisant ainsi le nombre de noeuds à parcourir.

2.2 Rappels de complexité

Cette partie se limite à énoncer les définitions des principales classes de complexité qui seront abordées dans les autres chapitres de cette thèse, et de donner un aperçu de leurs propriétés. Les définition et notations utilisées dans cette section sont pour l'essentiel largement inspirées de l'ouvrage *Computational complexity* de Papadimitriou [45].

NP. La classe de complexité NP regroupe tous les problèmes pouvant être résolus en temps polynomial par une machine de Turing *non-déterministe*. On donne ici au mot problème la définition de *langage*, une instance d'un problème étant un mot, la question étant de savoir si ce mot appartient au langage ou non.

Si la question de savoir si une machine de Turing *déterministe* peut aussi résoudre ces problèmes en temps polynomial est toujours ouverte, on sait cependant qu'il est possible, pour une telle machine, de *vérifier* en temps polynomial la satisfiabilité d'une instance à l'aide d'un *certificat* de taille elle aussi polynomiale par rapport à l'instance du problème.

Étant donne un CSP C, le problème consistant à dire s'il possède une solution ; ce qui revient à dire : le langage constitué exactement de l'ensemble des CSP satisfiables, est un problème NP-complet. Autrement dit, ce problème est lui-même NP, et tout problème $\mathcal{P}$ de NP admet une réduction polynomiale f vers ce problème, c'est à dire une fonction calculable par une machine de

Turing déterministe en temps polynomial par rapport à la taille de son paramètre et associant à toute instance de $\mathcal{P}$ un CSP dont la satisfiabilité est équivalente. La preuve de l'appartenance du problème de satisfiabilité d'un CSP à NP est immédiate : une solution d'un CSP est une affectation de toutes ses variables, ce qui peut être représenté un utilisant un espace de taille linéaire en le nombre de variables du problème. On peut par ailleurs vérifier en temps polynomial que cette solution ne viole aucune contrainte [1]. Dès lors, la preuve de sa complétude dérive du théorème de Cook [29] qui stipule que le problème de satisfaction des conjonctions de clauses, qui est une restriction du problème de satisfaction des CSP, est lui-même NP-complet.

Classes de complexité avec oracles. Soit A un langage. On appelle *Machine de Turing avec oracle* A, notée M^A une machine de Turing déterministe dotée d'une bande supplémentaire dite *bande de requête* et d'un état spécial q^A dit *état de requête*, possèdant deux transitions possibles vers deux états q_{yes} et q_{no}. A partir de q^A, une telle machine transite *en temps nul* vers q_{yes} si le mot présent dans la bande de requête appartient à A, et vers q_{no} dans le cas contraire.

Par extension, pour une classe de complexité C donnée, on note M^C une machine de Turing dotée d'un oracle dont le langage est tel que son test d'appartenance est un problème de complexité C-complet. Par exemple, M^{NP} peut représenter une machine de Turing doté d'un oracle dont le langage est l'ensemble des conjonctions de clauses vraies.

Soit C' une classe de complexité en temps. L'ensemble des langages pouvant être résolus par une machine de Turing avec orable M^A en un temps ne dépassant pas la limite imposée par C' forment la classe de complexité C'^A.

Par exemple, on note P^{NP} la classe de complexité regroupant l'ensemble des problèmes pouvant être résolus en temps polynomial par une machine de Turing déterministe dotée d'un oracle NP-complet.

La hiérarchie polynomiale. Le principe des machines de Turing avec oracles permet de définir naturellement toute une hiérarchie de classes de complexité en se basant sur NP et $co-NP$: on définit les suites de classes de complexité $\Delta_i P$, $\Sigma_i P$ et $\Pi_i P$, avec $i \geq 0$ de la manière suivante :
- $\Delta_{i+1}P = P^{\Sigma_i P}$;
- $\Sigma_{i+1}P = NP^{\Sigma_i P}$;
- $\Pi_{i+1}P = coNP^{\Sigma_i P}$;

en partant du cas de base $\Sigma_0 P = P$.

Papadimitriou montre en outre que le problème $QSAT_i$, consistant à savoir si une formule booléenne quantifiée ayant au plus i alternance de quantificateurs est vraie, est, pour tout $i \geq 1$, un problème $\Sigma_i P$-complet.

La classe de complexité regroupant toutes les classes de la hiérarchie polynomiale est appelée PH.

PSPACE. À l'inverse de NP qui regroupe les problèmes dont le *temps* de résolution peut être borné, la classe de complexité $PSPACE$ regroupe l'ensemble des problèmes pouvant être résolus par une machine de Turing telle que celle-ci utilise sa bande de façon limitée, cette limite étant fixée de manière polynomiale par rapport à la taille de l'entrée. Il s'agit donc d'une notion de complexité en *espace*. Tout comme NP, cette classe de complexité admet des problèmes complets. Le problème $QSAT$, consistant à déterminer la valeur de vérité d'une formule booléenne quantifiée (avec un nombre arbitrairement grand de quantificateurs) est un exemple de problème $PSPACE$-complet. Cette classe inclue donc la classe PH, étant donné que tout problème de PH peut se réduire polynomialement à $QSAT_i$ pour un i donné, et que $QSAT$ est un sur-ensemble de $QSAT_i$ quelque soit i. Cependant, il n'est pas montré que $PH = PSPACE$. En particulier, aucun problème PH-complet n'a été trouvé à ce jour. Si cette égalité était vraie, cela signifierait que tout problème de PSPACE appartient à une classe composant PH, et que donc, il existerait un i tel que QSAT serait réductible polynomialement à $QSAT_i$. Rappelons que le problème $QCSP$, qui constitue l'objet d'étude de cette thèse, est également un problème $PSPACE$-complet [54]).

---

1. sous l'hypothèse que tous les propagateurs du problème soient eux-mêmes calculables en temps polynomial.

Notons par ailleurs que contrairement aux classes P et NP dont on conjecture fortement l'iné-
galité, il a été démontré par Savitch que les classes $PSPACE$ et $NPSPACE$ (cette dernière
regroupant les problèmes pouvant être résolus par une machine de Turing non-déterministe en utilisant un espace borné polynomialement en la taille de l'entrée) sont égales [51]. De plus, la classe
co-$PSPACE$ regroupant l'ensemble des complémentaires des langages $PSPACE$ est elle-même
égale à $PSPACE$.

Chapitre 3

QCSP

3.1 Présentation générale

Les problèmes de satisfaction de contraintes étant NP-complets, ils permettent en théorie (et en pratique depuis quelques décennies) de représenter de manière compacte des problèmes dont la solution est d'une part compacte à représenter, et d'autre part aisée à vérifier. Or, les jeux avec adversaire n'entrent en général pas dans cette catégorie de problèmes. En effet, autant les CSP permettent de modéliser des problèmes pouvant s'exprimer de la forme "Existe-t-il un moyen pour moi de réaliser un ensemble de conditions ?", autant les problèmes avec adversaire s'expriment sous la forme : "

> *Existe-t-il une action que je peux faire telle que*
> *pour toute action possible de mon adversaire,*
> *il existe une action que je puisse réaliser telle que*
> *pour tout coup possible de mon adversaire,*
>
> ...
> ... *tel que je gagne ?* "

Une solution d'un tel problème doit exprimer chaque coup à jouer en fonction de toutes les séries de coups possibles de l'adversaire. Or, même à supposer que ledit adversaire n'ait à chaque coup que deux possibilités d'action, il faut alors connaître, un moyen de répondre à chacun des 2^k scénarios que cela engendre, k étant le nombre de tours de jeu. Même dans l'hypothèse où il existerait toujours un moyen de stocker de manière compacte ce nombre exponentiel de cas possibles, la vérification d'une telle solution passe par la vérification de sa validité dans tous les scénarios possibles, ce qui peut prendre un temps exponentiel en la taille du problème.

Partons de la formule logique associée à un CSP C ayant pour variables $v_1, \ldots, v_n$:

$$\exists v_1 \in D_{v_1}, \ldots, \exists v_n \in D_{v_n} c_1 \wedge c_2 \wedge \ldots \wedge c_k$$

On remarque que cette formule est en *forme normale prénexe*. Toutes les variables apparaissent ainsi quantifiées en début de formule, constituant une partie que l'on appelle le *préfixe*, chaque quantification liant toutes les occurrences de la variable dans le reste de la formule.

Les QCSP étendent les CSP en introduisant dans cette formule des quantificateurs universels $\forall$ en lieu et place de certains des quantificateurs existentiels $\exists$ présents. Par exemple, on peut représenter la formule suivante :

$$\forall v_1 \in D_{v_1}, \exists v_2 \in D_{v_2}, \ldots, \exists v_n \in D_{v_n} c_1 \wedge c_2 \wedge \ldots \wedge c_k$$

Cette formule reste en forme normale prénexe. Cependant, l'introduction de quantificateurs universels implique par ailleurs une relation d'ordre sur les variables qui n'était pas présente dans les CSP : la satisfiabilité de la formule logique précédente est susceptible de changer si l'on inverse dans le préfixe deux variables quantifiées de manière différente (par exemple v_1 et v_2 dans la formule précédente) ou même deux variables séparées par une alternance de quantificateurs (par exemple, v_1 et v_3 dans une formule dont le préfixe serait $\exists v_1 \forall v_2 \exists v_3$. Cette relation d'ordre sera donc aussi précisée dans la définition formelle d'un QCSP. Cependant, si deux variables qui se suivent dans le préfixe sont quantifiées de la même manière (par exemple $\exists v_1 \exists v_2$), leur ordre relatif n'influe aucunement sur la sémantique de la formule : on peut donc écrire $\exists v_2 \exists v_1$, ou même $\exists v_1, v_2$ sans altérer le sens de la formule. Plus généralement, si on appelle *bloc de quantification* une sous-séquence du préfixe où toutes les variables sont quantifiées de la même manière, alors le fait d'échanger deux variables d'un même bloc de quantification dans le préfixe ne modifie pas la sémantique de la formule.

3.2   Syntaxe et sémantique

Tel que décrit plus haut, un bloc de quantification représente simplement un ensemble de variables pareillement quantifiées. On appellera *qset* un tel bloc :

Définition 3 (qset) *Un qset est un couple* (q, W) *avec* W *un ensemble de variables et* $q \in \{\forall, \exists\}$ *un quantificateur.*

Le préfixe d'un QCSP consistant en une suite de variables quantifiées pouvant être regroupées en bloc, sa définition formelle est :

Définition 4 (préfixe de QCSP) *Un* préfixe de QCSP *est une séquence de qsets* $((q_1, W_1), \ldots, (q_n, W_n))$ *dont les ensembles de variables sont deux à deux disjoints (* $\forall i, j, i \neq j \rightarrow (W_i \cap W_j = \emptyset)$ *).*

Cette définition prend soin d'éviter qu'une variable se retrouve deux fois dans le préfixe. Toutes les variables du problème doivent se trouver dans le préfixe, afin que leur quantification soit connue sans ambiguïté possible. Le terme *séquence* implique naturellement une relation d'ordre sur les qsets, ordre qui se retrouve sur les variables :

Définition 5 *On note* $<$ *l'ordre dans lequel les qsets d'un préfixe de QCSP apparaissent dans celui-ci.*
Par extension, on définit l'ordre partiel $<$ *sur les variables tel que, pour* $v_i \in W_i$ *et* $v_j \in W_j$, $v_i < v_j$ *ssi.* $(q_i, W_i) < (q_j, W_j)$.

Le QCSP se définit alors comme un préfixe accompagné d'un ensemble de contraintes dont les variables doivent faire partie du préfixe :

Définition 6 (QCSP) *Un problème de satisfaction de contraintes quantifiées ou QCSP est un couple* (P, G) *avec* $P = ((q_1, W_1), \ldots, (q_n, W_n))$ *un préfixe et* G *un CSP appelé Goal tel que* $var(G) \subseteq \bigcup_{i \in \{1..n\}} W_i$.

L'ajout de la condition selon laquelle toutes les variables du goal doivent être présentes dans le préfixe permet de ne pas introduire de variables libres dans le problème. Reste à définir la formule logique associée à un QCSP représenté d'une telle manière. La valeur de vérité de cette formule sera, comme nous le verrons par la suite, la définition d'une première sémantique dudit QCSP.

Définition 7 (Formule logique associée) *On appelle* formule logique associée à un QCSP (P, G) *où* $P = [(q_1, W_1), \ldots, (q_n, W_n)]$ *et* $G = \{g_1, \ldots, g_k\}$ *la formule logique suivante :*

$$q_1 W_1 \in D^{W_1}, \ldots, q_n W_n \in D^{W_n} \quad g_1 \wedge \ldots \wedge g_k$$

Exemple 8 (QCSP) *On peut représenter cette formule logique :*

$$\exists X \in \{0, 1\}, \forall Y \in \{0, 1\}, \exists Z \in \{1, 2\}. X + Y = Z$$

par le QCSP Q *suivant :*

$$Q = ([(\exists, X), (\forall, Y), (\exists, Z)], \{X + Y = Z\})$$

en fixant les domaines de X Y *et* Z *conformément à la formule ci-dessus.*
Ici, le préfixe de Q *est donc* $\exists X \in \{0, 1\}, \forall Y \in \{0, 1\}, \exists Z \in \{1, 2\}$ *et son goal* $X + Y = Z$.

Définition 9 (Sémantique décisionnelle d'un QCSP) *Par construction, la sémantique décisionnelle* $[\![Q]\!]_d$ *d'un QCSP* $Q = (P, G)$ *où*
$P = [(\exists, W_1), (\forall, W_2), \dots, (\exists, W_n)]$ *est égale à la valeur de vérité de sa formule logique associée.*

Cette première définition de la sémantique décisionnelle d'un QCSP est équivalente à la suivante, plus "opérationnelle" :

Cas de base $[\![([\,], \top)]\!] = vrai$ et $[\![([\,], \bot)]\!] = faux$.

Récurrence

$$- \;[\![([(\exists, W)|P'], G)]\!] = \bigvee_{w \in D^W} [\![(P', G_{W \leftarrow w})]\!]$$

$$- \;[\![([(\forall, W)|P'], G)]\!] = \bigwedge_{w \in D^W} [\![(P', G_{W \leftarrow w})]\!]$$

Notons que cette sémantique est simplement liée à la satisfiabilité des QCSP, dans le sens où tous les QCSP satisfiables ont la même sémantique (*vrai*).

Fusion de qsets Étant donné cette sémantique, il est possible de simplifier le préfixe dans le cas où celui-ci admet deux qsets consécutifs quantifiés de la même manière. En effet, considérons un QCSP (P, G) dans lequel le préfixe P dans lequel se suivent deux qsets $(\exists, W_i), (\exists, W_{i+1})$. La formule logique associée d'un tel QCSP est alors la suivante :

$$\dots, \exists W_i, \exists W_{i+1}, \dots \quad g_1 \wedge \dots \wedge g_n$$

qui est trivialement équivalente à

$$\dots, \exists (W_i \cup W_{i+1}), \dots \quad g_1 \wedge \dots \wedge g_n$$

cette dernière formule étant la formule logique associée au QCSP (P', G) où P' est construit en fusionnant les qsets $(\exists, W_i), (\exists, W_{i+1})$ de P en $(\exists, W_i \cup W_{i+1})$.

De même, deux qsets consécutifs $(\forall, W_i), (\forall, W_{i+1})$ peuvent être fusionnées de manière analogue.

3.3 Notion de solution

La solution d'une instance de problème doit permettre de vérifier celle-ci sans avoir à la résoudre à nouveau. Par exemple, la solution d'un CSP propose une affectation de toutes ses variables, et il est aisé de constater qu'aucune des contraintes n'est violée par cette affectation, qui constitue donc une interprétation validant la formule logique associée. Du point de vue de la théorie de la complexité, une telle solution représente un *certificat* permettant de vérifier l'instance en temps polynomial.

Dans le cas des QCSP, une simple affectation de toutes les variables ne permet pas de vérifier l'instance : en effet, le goal doit être vérifié pour toutes les valeurs des variables universellement quantifiées du problème. Une solution d'un QCSP doit donc exprimer tous ces cas possibles. De plus, la formule logique associée (qui est une formule du premier ordre sous forme prénexe) lie les variables dans l'ordre donné par le préfixe. Ainsi, la valeur d'une variable existentielle postérieure (selon l'ordre du préfixe) à une variable universelle sera fonction de la valeur de celle-ci, alors que dans l'ordre inverse, il est nécessaire d'avoir une valeur d'une variable existentielle consistante avec toutes les valeurs de la variable universelle placée postérieurement.

Intuitivement, on peut représenter un QCSP comme un jeu à deux joueurs : les deux joueurs $\exists$ et $\forall$ affectent tour à tour les variables d'un qset (dans l'ordre défini par le préfixe). Le joueur $\exists$ cherche à satisfaire toutes les contraintes tandis que le joueur $\forall$ veut en violer au moins une. Une solution d'un tel QCSP correspond dans un tel jeu à une stratégie gagnante pour le joueur $\exists$: il doit être possible d'en extraire l'affectation des variables existentielles en fonction des universelles précédentes de manière à ce que toutes les contraintes soient satisfaites.

Fonctions de Skolem   La manière la plus intuitive de représenter une solution d'un QCSP est de
skolemiser la formule logique associée : on remplace chaque variable quantifiée existentiellement par
une fonction portant sur les variables universelles précédemment situées. On appelle ces fonctions
fonctions de Skolem. Pour une variable existentielle x, on note $Sk(x)$ une fonction de Skolem
associée. Une solution est une famille de fonctions de Skolem portant sur toutes les variables
existentielles telle que la formule skolemisée reste vérifiée.

Ces fonctions peuvent être représentées de différentes manières. La plus simple (mais la plus
coûteuse en espace) consiste à simplement représenter ces fonctions en extension : on représente
explicitement la valeur de la fonction pour chaque valeur des paramètres de la fonction. Cependant,
cette représentation a un coût en mémoire exponentiel en le nombre de variables universelles et en
la taille de leur domaines.

Le problème de stocker en mémoire une stratégie gagnante passe donc par la compression de
ladite stratégie. Plusieurs travaux ont déjà été effectués dans ce but. Lucas Bordeaux propose dans
[16] une représentation via des diagrammes de décisions. Dans le domaine des QBF,[9] propose
une représentation en diagramme de décision binaire d'une stratégie gagnante (en l'occurrence
nommée *certificat*), ainsi qu'une extraction d'une telle stratégie en via le parcours inverse de la
trace d'exécution du solveur.

Vue ensembliste   Dans cette thèse, nous représentons une solution comme l'ensemble des affectations apparaissant dans une stratégie, c'est à dire l'ensemble des n-uplets formés à partir de
toutes les combinaisons possibles des variables universelles, et des valeurs données aux variables
existentielles par leurs fonctions de Skolem respectives. Dans cette représentation, chaque n-uplet
est appelé un *scénario*.

Indépendamment de la notion de validité, on peut définir l'ensemble des stratégies d'un QCSP
de préfixe P : il s'agit de se donner des fonctions donnant des valeurs aux variables existentielles en
fonction des universelles précédentes, sans pour le moment tenir compte de la validité du QCSP.
Etant donné qu'on ne considère pas la validité des contraintes, cette notion concerne uniquement
le préfixe P du QCSP et se définit inductivement de la manière suivante :

Définition 10 (Ensemble des stratégies) *On définit l*'ensemble des stratégies $Strat(P)$ *d'un
préfixe* $P = [(q_0, W_0), \dots, (q_{n-1}, W_{n-1})]$ *comme suit :*
 - $Strat([]) = \{()\}$
 - $Strat([(\exists, W) \mid P']) = \{t \bowtie s' \mid t \in D^W \wedge s' \in Strat(P')\}$
 - $Strat([(\forall, W)|P']) = \{ \bigcup\limits_{t \in D^W} (t \bowtie \alpha(t) \mid \alpha \in (D^W \mapsto Strat(P'))\}$

Exemple 11 *Considérons le QCSP* (P, G) *tel que* $P = [(\exists, \{x\}), (\forall, \{y\}), (\exists, \{z\})]$, x, y *et* z *ayant
pour domaine* $\{1, 2\}$, *et* $G = \{(x.y = z)\}$. *L'ensemble des stratégies de* P *est, par définition :*

$$\{t \bowtie s' \mid t \in D_x \wedge s' \in Strat(P')\}$$

avec $P' = [(\forall, \{y\}), (\exists, \{z\})]$. *Pour* $t \in D^W$, *il y a deux possibilités (1 et 2) à chacune desquelles
on joindra l'ensemble* s' *des stratégies de* P'.

P' débutant par un qset universel, son ensemble de stratégies s' *est défini comme :*

$$\{ \bigcup\limits_{t \in D_y} (t \bowtie \alpha(t) \mid \alpha \in (D_y \mapsto Strat(P''))\}$$

avec $P'' = [(\exists, \{z\})]$.

Il y a donc autant de stratégies qu'il existe de fonctions α *de* D_y *dans* $Strat(P'')$: *pour chacune
de ces fonctions, une stratégie est définie comme l'ensemble des scénarios constitués de l'union des
jointures de chacune des valeurs de* D_y *avec la stratégie de* P'' *qui lui est associée par* α.

Enfin, l'ensemble des stratégies de P'' *est* $\{(1); (2)\}$.

Cet ensemble des stratégies de P'' *connu, et sachant que* D_y *contient les deux valeurs 1 et 2, on
conlut qu'il existe en tout quatre fonctions différentes associant à chaque valeur de* D_y *une stratégie
de* P'' :

$(1 \rightarrow \{(1)\}, 2 \rightarrow \{(1)\})$,
$(1 \rightarrow \{(1)\}, 2 \rightarrow \{(2)\})$,
$(1 \rightarrow \{(2)\}, 2 \rightarrow \{(1)\})$ *et*
$(1 \rightarrow \{(2)\}, 2 \rightarrow \{(2)\})$.

Ces quatre fonctions induisent que l'ensemble des stratégies de P' est constitué des quatre stratégies suivantes :
$\{(1,1);(2,1)\}$,
$\{(1,1);(2,2)\}$,
$\{(1,2);(2,1)\}$ *et*
$\{(1,2);(2,2)\}$.

Connaissant l'ensemble des stratégies de P', on calcule l'ensemble des stratégies de P en joignant
cet ensemble aux deux valeurs de D_x, ce qui donne donc en tout les huit stratégies suivantes :
$\{(1,1,1);(1,2,1)\}$,
$\{(1,1,1);(1,2,2)\}$,
$\{(1,1,2);(1,2,1)\}$,
$\{(1,1,2);(1,2,2)\}$,
$\{(2,1,1);(2,2,1)\}$,
$\{(2,1,1);(2,2,2)\}$,
$\{(2,1,2);(2,2,1)\}$ *et*
$\{(2,1,2);(2,2,2)\}$.

Etant donnée cette définition, une stratégie gagnante pour un QCSP Q est une stratégie de son
préfixe dont tous les scénarios satisfont toutes les contraintes du goal :

Définition 12 (Stratégie gagnante) *Une stratégie gagnante d'un QCSP $Q = (P, G)$ est un
élément s de $Strat(P)$ tel que $s \subseteq sol(G)$.*

Définition 13 (Sémantique stratégique d'un QCSP) *On appelle* sémantique stratégique *d'un
QCSP Q, notée $[\![Q]\!]_s$, l'ensemble $win(Q)$ des stratégies gagnantes de Q.*

Dans l'exemple précédent, l'ensemble des stratégies gagnantes se réduit à $\{(1,1,1);(1,2,2)\}$.

3.4   Modélisation en QCSP

La PSPACE-complétude des QCSP permet en théorie à ce formalisme d'exprimer de manière
compacte des problèmes avec adversaire ou incertitude. Dans la pratique, la littérature récente sur
les QCSP propose quelques exemples de modélisation de problèmes simples. Les coups d'un joueur
sont représentées par des variables existentielles, tandis que les variables universelles représentent
les coups de son adversaire. L'ensemble de contraintes vient modéliser tout l'environnement du jeu
et les conditions de victoires du joueur représenté par les variables existentielles. Par exemple, le
jeu de Nim se décrit aisément dans ce formalisme :

Exemple 14 (Jeu de Nim) *Le jeu de Nim consiste en un tas de N allumettes (prenons ici
$N = 10$) dont chaque joueur retire, tour à tour, de 1 à 3 éléments. Le joueur qui retire la dernière
allumette gagne.*

*On peut modéliser ce jeu en définissant une variable existentielle X_i par coup joué par le premier
joueur, et une variable universelle Y_i par coup joué par le second joueur. Chaque joueur pouvant
retirer entre une et trois allumettes, le domaine de toutes ces variables est $[1..3]$. Pour que le
premier joueur vide le tas, il est nécessaire qu'à son dernier coup, le total du nombre d'allumettes
retirées soit égal à 10. Un QCSP permettant de représenter ce jeu est donc :*

$$((\exists, X_1), (\forall, Y_1), (\exists, X_2), (\forall, Y_2), (\exists, X_3)), [X_1 + Y_1 + X_2 + Y_2 + X_3 = 10]$$

La formule logique associée à ce QCSP est la suivante :
$\exists X_1 \in [1..3], \forall Y1 \in [1..3] \exists X_2 \in [1..3], \forall Y2 \in [1..3], \exists X_3 \in [1..3]$
$\quad X_1 + Y_1 + X_2 + Y_2 + X_3 = 10$

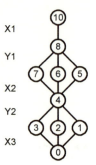

FIGURE 3.1 – Stratégie gagnante pour le jeu de Nim. Les noms des variables correspondant aux coups successifs des deux joueurs sont donnés à gauche, et les nombres à l'intérieur des cercles représentent le nombre d'allumettes restantes dans le tas après chaque coup. A chaque fois, toutes les valers des variables universelles sont observées, tandis que seule une valeur est retenue pour chaque variable existentielle.

Dans cet exemple, les variables X_i et Y_i sont entrelacées dans le préfixe afin de représenter le fait que les deux joueurs retirent des allumettes du tas à tour de rôle. Ainsi, si ce QCSP est vrai, alors il existe un moyen, pour le premier joueur, de réussir à prendre la dernière allumette du tas, quoi que fasse son adversaire. Dans ce cas, une stratégie gagnante contiendra un ensemble de scénarios possibles permettant de savoir combien d'allumettes le premier joueur doit retirer en premier lieu, puis, pour les coups suivants, en fonction du nombre d'allumettes retirées par son adversaire.

Pour 10 allumettes,ce problème a une solution, qui peut être représentée par l'ensemble de fonctions de Skolem suivant :

$$\{Sk_{X_1}() = 2, \ Sk_{X_2}(Y_1) = 4 - Y_1, \ Sk_{X_3}(Y_1, Y_2) = 4 - Y_2\}$$

On extrait de cet ensemble de fonctions la forme "ensembliste" de la stratégie gagnante en construisant l'ensemble de n-uplets suivant :

$$\{(Sk_{X_1}(), Y_1, Sk_{X_2}(Y_1), Y_2, Sk_{X_3}(Y_1, Y_2)) | Y_1 \in D_{Y_1}, Y_2 \in D_{Y_2}\}$$

La figure 3.1 représente graphiquement une telle stratégie : dans ce cas très simple, il s'agit en fait pour le joueur existentiel de maintenir dans le tas un nombre d'allumettes multiple de 4.

Chapitre 4

État de l'art

4.1 Problèmes combinatoires avec adversaires

Les CSP permettent d'une manière générale de modéliser et de résoudre assez facilement des problèmes combinatoires divers. La littérature existante introduit généralement ce formalisme avec des problèmes simples. Listons quelques une de ces exemples introductifs classiques :

- *Problème des n reines* : "existe-t-il un moyen de placer n reines sur un échiquier de $n \times n$ cases sans qu'aucune ne se trouve en prise avec une autre ?"
- *Cryptarithme* : "existe-t-il une correspondance des chiffres de 0 à 9 avec les lettres S, E, N, D, M, O, R et Y telle que l'addition $SEND + MORE = MONEY$ soit vérifiée ?"
- *Coloriage de cartes* : "étant donné une carte d'un pays ayant différentes régions et k crayons, existe-t-il un moyen de colorier toutes les régions de manière à ce que deux régions adjacentes n'aient jamais la même couleur ?"

Ces problèmes ont un point commun dans leur formulation : on y recherche l'existence d'un placement, d'une combinaison, répondant à certaines propriétés statiques : dans le premier, les règles de prise des dames aux échecs sont fixées. Dans le deuxième, l'addition à résoudre est posée, et dans le troisième la carte est donnée par le problème, et ainsi donc la liste des couple de pays adjacents.

Du point de vue de la théorie de la complexité, résoudre un problème de satisfaction de contraintes sur les domaines finis est un problème NP-Complet. Il est donc, par définition, possible d'y représenter de manière compacte tous les problèmes dont une solution est vérifiable en temps polynomial, ce qui est le cas pour les exemples précédents : pour les n-reines, vérifier que deux reines ne sont pas en prise revient au pire à tester tous les couples possibles, soit $O(n^2)$; une solution potentielle d'un cryptarithme à n symboles se vérifie en temps linéaire, et une coloration de graphe (dont le coloriage de carte est un cas particulier) se vérifie lui aussi linéairement par rapport au nombre d'arêtes du graphe.

Cependant, cette thèse abordera des problèmes dans lesquels un agent doit atteindre une fonction objectif sachant que les données du problème comportent une incertitude du fait de l'environnement naturel ou des agissements d'un ou plusieurs agents tiers. Or, en général, les problèmes avec incertitude ou avec adversaire résident au delà de cette classe de complexité. Par exemple, [49] démontre la PSPACE-complétude du jeu du morpion étendu à une grille arbitrairement grande, [50] présente l'extension du jeu de dames à toute taille de plateau comme un problème EXPTIME-complet. Même sans adversaire, certains problèmes de planification ont aussi une complexité supérieure à NP. Par exemple, déterminer s'il existe un plan réalisable pour une instance STRIPS est PSPACE-complet [22]. Dans un domaine plus ludique, on peut aussi citer le jeu du Sokoban, dont [47] montre aussi la PSPACE-complétude.

Les problèmes avec incertitude ou avec adversaires peuvent être classés en plusieurs catégories selon certaines de leurs caractéristiques :

- le temps y est-il considéré comme discret, ou continu ?
- les différents agents évoluent-ils en même temps, ou à tour de rôle ?
- chaque agent perçoit il à chaque instant toutes les données du problème, ou de l'information est-elle cachée à certains ?

L'objectif d'un problème de ce genre est de déterminer une *stratégie* (ou *politique*) pour l'agent, c'est à dire un objet capable de fournir à l'agent une action à réaliser en fonction des actions passées des autres agents. Là aussi, la nature exacte de cette stratégie dépend du problème : si le problème n'a pas de date de fin définie, il n'est par exemple pas possible de représenter cette stratégie de manière extensive, mais comme une fonction de l'état de l'univers dans lequel l'ensemble des différentes actions possibles. Dans le cas contraire, il est possible de représenter (à un coût généralement exponentiel en espace cependant) l'ensemble des évolutions possibles de l'environnement (incluant les coups des autres agents) et la réponse apportée par l'agent.

Dans le cas des problèmes de satisfaction de contraintes quantifiées, ou *QCSP*, que ce travail analyse, nous avons décrit, dans le chapitre précédent, une stratégie de manière extensive, comme un ensemble d'affectations des variables représentant chacune un *scénario* d'un jeu entre deux joueurs. Dans cette vue des QCSP sous forme de jeu, le nombre de tours est donné par le nombre de qsets du problème. Il s'agit donc précisément un problème où deux agents évoluent à tour de rôle en un nombre fini (et déterminé à l'avance) de coups.

La programmation par contraintes quantifiées ne constitue cependant pas le seul formalisme permettant de modéliser ce type de problèmes. La résolution de formules booléennes quantifiées (QBF), problème PSPACE-complet canonique, est aussi largement utilisée depuis l'existence de solveurs performants. D'autres formalismes, de plus "haut niveau" (en ce sens que les modèles qu'ils permettent d'engendrer sont plus directement compréhensibles par un humain), ont aussi vu le jour dans l'optique de pouvoir modéliser plus facilement ce genre de problèmes. La section suivante dresse un tour d'horizon de ces formalismes.

4.2 Formalismes connexes

CSP Stochastiques. Présentés par Tobi Walsh en 2002 dans [58], les CSP stochastiques (ou SCSP) étendent les problèmes de contraintes traditionnels en introduisant des variables *stochastiques* ainsi qu'une borne inférieure de probabilite θ. Les variables stochastiques disposent d'une distribution de probabilité sur l'ensemble des valeurs de leur domaine. Le problème a une solution s'il est possible d'affecter les variables traditionnelles de manière à ce que la probabilité que toutes les contraintes soient satisfaites dépasse la borne θ.

Formellement, Walsh définit un SCSP comme un sextuplet (V, S, D, P, C, θ) dans lequel V est une séquence de variables, $S \subseteq V$ le sous-ensemble des variables stochastiques, D la famille des domaines de V, P la famille des distributions de probabilités de chacun des éléments de S sur les valeurs de son domaine, C un ensemble de contraintes tel que $var(C) \subseteq V$, et θ une probabilité seuil.

Ce formalisme permet, de la même manière que dans les QCSP, de représenter une solution à plus de deux niveaux : en effet, les variables étant ordonnées dans la séquence V, la valeur que prend chaque variable de décision (i.e. non stochastique) est fonction de la valeur des variables stochastiques précédentes. Cela permet ainsi de représenter des cas où une décision est prise à priori, puis une autre dès que l'on connais certaines caractéristiques de l'environnement, et ainsi de suite.

Une solution d'un CSP stochastique est définie comme une *politique*, donnant une valeur à chaque variable de décision en fonction des valeurs prises par les variables stochastiques précédentes, à la manière de la stratégie sur un QCSP. On calcule la probabilité de chaque scénario d'une telle politique en effectuant le produit des probabilités des valeurs des variables stochastiques qu'il contient. Pour être une solution, la somme des probabilités des scénarios satisfaisant toutes les contraintes doit être supérieure au seuil θ défini dans le problème.

Ce formalisme peut être considéré comme une généralisation des QCSP : il est en effet possible de modéliser un QCSP Q en CSP stochastique (V, S, D, P, C, θ) de la manière suivante : chaque variable de Q se retrouve dans V, dans un ordre compatible avec l'ordre des qsets. Le sous-ensemble S est constitué des variables universelles de Q, et on définit pour chacune d'entre elles une distribution de probabilité de manière à ce que chaque valeur du domaine soit équiprobable. Dès lors, il suffit de fixer le seuil de probabilité θ à 1 pour représenter le QCSP Q : il devient en effet nécessaire, pour qu'une politique soit acceptable, qu'elle satisfasse toutes les contraintes quelles que soient les valeurs prises par les variables stochastiques.

Les SCSP conviennent néanmoins plus aux problèmes avec incertitude qu'aux situations où un adversaire volontairement "malfaisant" est présent : intuitivement, les variables stochastique représentent les effets de l'environnement, ou plus généralement, de tout ce qui n'est pas contrôlé par l'agent dont on cherche à établir une politique. La distribution de probabilités que l'on donne à ces valeurs n'a donc de sens qu'en l'absence d'un véritable adversaire 'intelligent" dont on sait qu'il choisira le coup le plus critique.

Formules booléennes quantifiées. Les formules booléennes quantifiées (QBF) sont une extension du cadre de la satisfaction des formules booléennes (SAT) dans laquelle certaines des variables peuvent être quantifiées universellement. Un problème QBF se présente comme une suite ordonnée de variables booléennes quantifiées universellement ou existentiellement, et d'un ensemble de clauses appelée *matrice*. On peut donc considérer ce formalisme comme une restriction des QCSP où on limite les variables à être booléennes, et les contraintes à être des clauses, tout comme SAT peut être vu comme une restriction des CSP [1]. Comme dans les QCSP, le problème est vrai si et seulement si il existe une stratégie gagnante, permettant donc d'affecter toutes les variables existentielles en fonction des variables universelles qui les précèdent de façon à ce que la conjonction des clauses de la matrice soit toujours vraie.

De nombreuses méthodes de résolution ont été proposées pour les QBF, et les implémentations de ces méthodes sont tout aussi nombreuses, parmi lesquelles on peut citer Qube++[37], Semprop[4], ou encore sKizzo [10]. Ainsi, les QBF jouissent d'une utilisation intensive dans la modélisation et la résolution de problèmes réels, comme la vérification formelle d'implémentation de circuits.

Modéliser un problème en QBF ne se fait cependant pas manuellement. Les solveurs actuels peuvent résoudre des problèmes QBF composés de plusieurs dizaines de milliers de variables, qui sont produits à partir d'une spécification dans un langage de plus haut niveau. De même, dans le cas où une stratégie gagnante est extraite, il est nécessaire de re-traduire celle-ci afin de la rendre humainement compréhensible.

Formalisme PFU. La thèse de doctorat de Cédric Pralet [46] présente le cadre des *PFU* (pour Plausibility Feasibility Utility), dont l'objectif est d'unifier les différents formalismes de décision existants. Il s'agit d'un cadre général composé d'un ensemble de variables partitionné en variables *de décision* et variables *d'environnement*, sur lesquelles sont appliquées des structures algébriques de trois sortes :

- les structures de *plausibilité*, représentant des distributions de probabilités (par exemple, sur les valeurs d'une variable). Elles sont associées à une règle de combinaison et une règle d'élimination, permettant de calculer une plausibilité d'un (ensemble de) scénario(s) ;
- les structures de *faisibilité*, qui sont des fonctions d'un ensemble de variables S dans $\{\top, \bot\}$ et destinées à identifier des scénarios invalides.
- enfin, les structures *d'utilité*, qui représentent des scores sur certains états de l'univers (représentés par un sous-ensemble de variables), et sont associé à une règle de combinaison commutative, permettant d'obtenir, à partir de mesures locales, une valeur d'utilité d'une situation globale.

Formellement, Pralet définit un réseau PFU comme un quintuplet (V, G, P, F, U) où V est un ensemble de variables, partitionné en variables de décision V_D et variables d'état V_E, G est un graphe orienté dont les sommets sont des éléments de V et les arêtes relient chacune une variable de décision à une variable d'état, P un ensemble de fonctions de plausibilité, chacune associée à un sommet de G représentant une variable d'état, F un ensemble de fonctions de faisibilité, chacune associé à un *unique* sommet de G représentant une variable de décision, et U un ensemble de fonctions d'utilité.

Etant donné une PFU, il est possible d'y définir une *requête*, qui est une séquence constituée d'une séquence de couples opérateur-variable permettant de minimiser ou maximiser une variable de décision, ou d'agréger les valeurs de plusieurs variables d'environnement.

---

1. On peut même dire que QBF est à SAT ce que QCSP est à CSP : on passe de SAT à QBF en quantifiant certaines variables avec ∀, tout comme on passe de CSP à QCSP de la même manière.

Pralet réduit entre autres les CSP, les QCSP , les QBF et les CSP stochastiques à des requêtes sur des PFU.

4.3   Résolution de QCSP

La résolution des QCSP est un problème qui fait l'objet d'un intérêt croissant depuis ces dernières années. On trouve dans la littérature beaucoup de travaux se basant sur les techniques de recherche dans les CSP (énumération de variable, propagation de contrainte, etc.). La complexité des QCSP dont les contraintes sont restreintes à certains langages a été aussi étudiée. Cette section donne un tour d'horizon de ces travaux.

4.3.1   Complexité

Le problème consistant à déterminer la valeur de vérité d'un QCSP donné a été démontré comme étant PSPACE-Complet par Stockmeyer en 1976 [54]. Cependant, des travaux ont exhibé certains langages de contraintes tels que la restriction des QCSP à ces langages faisait sensiblement baisser la complexité de la résolution, pouvant la rendre polynomiale. Cette question a fait l'objet de recherches particulières dans le domaine des formules booléennes quantifiées, où un théorème de dichotomie est énoncé dès 1997 dans [30], exhibant toutes les restrictions des QBF solvables en temps polynomial.

Dans le cadre des QCSP, la thèse de doctorat de Hubie Chen [24], regroupe une grande partie de ses résultats à ce sujet. Il commence par exhiber deux types de polymorphismes caractérisant des classes de langages de contraintes rendant le problème de résolution de QCSP solvable en temps polynomial : le premier de ces types regroupe les polymorphismes ayant la propriété de "near-unanimity", c'est à dire une fonction de D^k dans D avec $k \geq 3$ telle que si $k-1$ arguments sont égaux à une valeur v donnée, alors le résultat est lui-même égal à v. L'autre regroupe les opérations sur les semi-treillis ayant un élément neutre. Dans un second temps, il extrait d'autres classes de QCSP solvables en temps polynomial en se basant sur la notion de "collapsability", consistant à substituer un sous-ensemble des variables universelles par une seule et unique variable.

Dans [26], Chen étend les résultats de sa thèse en étudiant des classes de QCSP restreintes uniquement au niveau des contraintes impliquant des variables existentielles. Il montre en particulier que si ces dernières appartiennent à un langage de contraintes admettant certains types de polymorphismes dont ceux cités au paragraphe précédent, alors le problème de résoudre un tel QCSP est dans co-NP. Il démontre en outre un théorème de dichotomie sur les QCSP dont les variables existentielles ont un domaine booléen/

Hubie Chen étudie aussi dans [25] la complexité des QCSP sur lesquels on impose des restrictions d'ordre structurel. Il montre notamment qu'en fixant le nombre de qsets, la taille des domaines des variables et la largeur arborescente du réseau de contraintes du goal, la résolution d'un QCSP devient un problème polynomial.

Dans [18], Lucas Bordeaux, Marco Cadoli et Toni Mancini définissent dans les QCSP la notion de *outcome* comme étant un scénario d'une stratégie gagnante, et les propriétés suivantes :
 – inconsistante(X, x) (l'affectation $X = x$ n'apparaît dans aucun outcome) ;
 – implicite(X, x) (on a $X = x$ dans tout outcome) ;
 – fixable(X, x) (pour tout outcome, remplacer la valeur de X par x produit un autre outcome) ;
 – substituable(X, x, y) (dans tout outcome affectant x à X, remplacer x par y produit aussi un outcome) ;
 – interchangeable(X, x, y) (si on a substituable(X, x, y) et substituable(X, y, x)) ;
 – déterminée(X) (dans tout outcome, remplacer la valeur de X par quoi que ce soit viole au moins une contrainte) ;
 – triviale(X) (dans tout outcome, remplacer la valeur de X par n'importe quelle valeur de son domaine produit aussi un outcome) ;
 – dépendante(X, Y) la valeur de Y peut être calculée comme une fonction de X pour tout outcome.

Ils démontrent ensuite des résultats de complexité sur ces propriétés, notamment la PSPACE-complétude des problèmes consistant à décider ces propriétés.

4.3.2 Procédures de recherche

De par la taille potentiellement exponentielle de la représentation complète de la stratégie gagnante d'un QCSP, de nombreux solveurs ne renvoient qu'une réponse booléenne. Si on se restreint à ce cas, la recherche par énumération des CSP s'adapte assez simplement au cas quantifié : cette adaptation consiste à sélectionner une variable V non encore instanciée *parmi le premier bloc de quantification ayant des variables non instanciées*, et à résoudre récursivement les deux sous-problèmes obtenus en affectant une valeur v à V d'une part, et en retirant v de D_V d'autre part, et à renvoyer comme valeur de vérité la conjonction (resp. la disjonction) des valeurs ainsi obtenues si la variable est quantifiée universellement (resp. existentiellement). Comme pour les CSP, un calcul de consistance vient se mêler à cette procédure afin d'élaguer l'arbre de recherche.

Approche bottom-up. Dans [56], Christian Bessière et Guillaume Verger ont présenté un solveur de QCSP basé sur une approche bottom-up : partant d'une affectation a_{W_n} des variables du dernier qset existentiel du problème, ils considèrent l'ensemble des affectations du bloc universel précédent incohérentes avec a_{W_n} selon G, et tentent de trouver une autre affectation qui soit cohérente avec ces valeurs. Une fois que toutes les affectations de W_{n-1} sont associées de manière cohérente à une affectation de W_n, ils remontent d'un niveau, et continuent de la même manière la recherche de sous-stratégies compatibles avec les valeurs des variables du bloc précédent, et ce, de manière récursive jusqu'à la racine du problème.

L'implémentation de cette approche a été faite dans un solveur qui n'accepte que des contraintes binaires. Sur des problèmes générés aléatoirement, elle s'est montrée d'une efficacité supérieure aux autres solveurs existant à l'époque. Cependant, cet algorithme a une complexité en espace exponentielle, du fait qu'il conserve une trace des branches qu'il a déjà visité. Bien que cette complexité ne soit donc pas optimale (étant un problème PSPACE, par définition, il est solvable en utilisant un espace polynomial en la taille de l'entrée), cela lui permet cependant d'exhiber une stratégie gagnante complète (si elle existe) une fois la résolution terminée. Cette stratégie occupant, dans le cas général, un espace exponentiel en la taille du problème initial.

BackJumping. Ian Gent, Peter Nightingale et Kostas Stergiou ont adapté dans [35] le "Conflict-based Backjumping" aux QCSP. Il s'agit, comme dans le cas non-quantifié, de maintenir pour chaque variable v une liste des variables $conf\_set(v)$ dont la réduction du domaine a en tour provoqué une réduction de celui de v. Une fois une inconsistance détectée sur v (i.e. le retrait de toutes les valeurs de son domaine), il est alors possible de back-tracker directement à la variable de $conf\_set(v)$ la plus proche, étant donné que ce sont les seules variables responsables de ce conflit, l'affectation courante des autres variables n'entrant pas, en l'occurence, en ligne de compte.

Solution-directed Pruning. Dans ce même papier, Gent et al. ont mis au point le *Solution-directed pruning*, technique permettant de retirer des valeurs des domaines de certaines variables universelles. Considérons un QCSP dont le préfixe se termine par $(\forall, X), (\exists, Y)$. L'idée est que lorsque, pendant la recherche, une affectation totale des variables ne violant aucune contrainte a été atteinte, on élimine des domaines des variables de X les valeurs consistantes avec les valeurs données aux variables de Y par cette affectation.

4.3.3 Consistances quantifiées

Bordeaux-Monfroy. Lucas Bordeaux et Eric Monfroy ont présenté en 2002 dans [19] une définition de la consistance quantifiée dans laquelle ils considèrent l'ensemble l'ensemble *out* de tous les scénarios faisant partie d'au moins une stratégie gagnante, chacun de ces scénarios étant appelé *outcome*. Selon cette définition, une valeur a d'une variable v est consistante si, et seulement si, on retrouve l'affectation $v \leftarrow a$ dans au moins un n-uplet de *out*.

Ils définissent ensuite l'arc-consistance quantifiée en considérant une valeur a comme arc-consistante dans un QCSP $Q = (P, G)$ si, pour toute contrainte c de G, a est consistante (selon la définition précédente) dans le QCSP $(P, \{c\})$. Ces travaux apparaissent aussi de manière résumée dans [17]. Par la suite, on appellera cette consistance BMQGAC (pour Bordeaux-Monfroy Quantified Arc Consistency).

Strong et Weak Quantified GAC. Peter Nightingale a présenté en 2005 dans [42] une définition d'arc-consistance quantifiée à partir de l'arc-consistance généralisée (ou hyperarc-consistance) du cadre des CSP. Dans sa définition, une valeur a d'une variable v d'un QCSP $Q = (P, G)$ est SQGAC (pour Strong Quantified Arc-Consistant) si, pour chaque contrainte $c = (W, T)$ de G, toute affectation partielle formée en donnant la valeur a à v et des valeurs quelconques à toutes les variables de W quantifiées universellement après x a un support parmi les n-uplets de T. Il est de plus requis que l'ensemble de ces n-uplets entrent dans la composition d'une même stratégie gagnante.

Nightingale définit la *Weak Quantified GAC* (WQGAC) en relâchant ce dernier point.

Comparaison des consistances. Soit un QCSP $Q = (P, G)$. Dans ce paragraphe, notons $\mathcal{OUT}$ l'ensemble des n-uplets faisant partie d'une stratégie gagnante de Q, c'est à dire l'ensemble $\bigcup_{S \in Win(Q)} S$.

Par construction, la WQGAC est une relaxation de la SQGAC. elle est donc moins puissante que celle-ci (dans le sens où toute valeur consistante au sens de SQGAC le aussi selon WQGAC).

La BMQGAC se situe entre ces deux consistances : elle est strictement moins puissante que la SQGAC, mais strictement plus que la WQGAC.Ce résultat est démontré dans les deux propositions suivantes.

Proposition 15 (BMQGAC < SQGAC) *Il est aisé de voir que la BMQGAC est strictement moins puissante que SQGAC : cette dernière requiert, pour conserver une valeur a d'une variable v, qu'il existe une stratégie gagnante S telle que pour toute valeur b de toute variable y quantifiée universellement et telle que $x < y$, il existe un élément de S affectant a à x et b à y. Ceci implique immédiatement qu'il existe un élément de $\mathcal{OUT}$ affectant a à v, cet ensemble contenant, entre autre, les éléments de S (si une telle stratégie existe). La valeur a du domaine de v sera donc conservée par BQGAC.*

Proposition 16 (WQGAC < BMQGAC) *BQGAC est aussi capable de reconnaître des valeurs inconsistantes non détectées par WQGAC. Construisons par exemple le QCSP $((\exists, \{x\}], [\forall, \{y\}]), \{g\})$, avec $g = ((x, y), \{(0, 0), (0, 1)\})$, avec x et y ayant pour domaine $\{0, 1\}$. Ce QCSP est trivialement inconsistant, g interdisant d'affecter 1 à x. WQGAC ne retire aucune valeur du domaine de y, étant donné qu'elles ont toutes un support dans g (ce qui suffit, en l'absence de variables universelles suivant y). Or, l'ensemble $\mathcal{OUT}$ est par définition vide, et BQGAC vide donc le domaine de y.*

Dans l'autre sens, si une valeur a du domaine de x est inconsistante selon WQGAC sur une contrainte c, cela signifie qu'il existe une valeur b d'une variable y quantifiée universellement après x et appartenant à $var(c)$ telle qu'il n'existe pas dans $sol(c)$ de n-uplet affectant en même temps a à x et b à y. Par extension, il n'existe pas non plus dans $sol(G)$ de n-uplet affectant en même temps a à x et b à y. Et donc, aucune stratégie gagnante ne peut affecter a à x, étant donné qu'alors, la valeur b deviendra inconsistante pour y, entraînant l'inconsistance du QCSP. Par conséquent, $\mathcal{OUT}$ ne contient aucun n-uplet affectant a à x, et cette valeur est donc retirée par BQGAC.

4.3.4   Réduction de domaines

Réutilisation des propagateurs non-quantifiés. Dans [11], Marco Benedetti, Arnaud Lallouet et moi-même avons présenté plusieurs méthodes permettant de réutiliser les propagateurs de contraintes non-quantifiées dans le cadre des QCSP. Pour ce faire, quatre méthodes furent proposées. Tout d'abord, l'analyse existentielle : il s'agit de l'approche la plus naïve consistant à simplement laisser le propagateur réduire le domaine des variables qu'il concerne, et à échouer si le domaine d'une variable universelle est réduite. La consistance obtenue en appliquant ces propagateurs tour à tour jusqu'à un point fixe est appelée *consistance existentielle*. Cette consistance est faible dans le cas général, mais il a été prouvé dans ce même papier qu'elle était strictement égale à la consistance quantifiée (au sens de Monfroy et Bordeaux [19], et décrite ici en début de section 4.3.3) dans le cas des QCSP binaires.

Ce papier définit aussi un moyen de détecter des inconsistances en se basant sur la propriété d'une contrainte d'être *fonctionnelle* : une contrainte satisfait cette propriété si la valeur d'une des variables V peut être définie en fonction de la valeur des autres. Dans ce cas, si V est universelle et que la cardinalité du produit cartésien des domaines des variables existentielles situées avant V est inférieure à la cardinalité du domaine de V, le problème est immédiatement détecté comme inconsistant.

Enfin, ce papier introduit un principe de lookahead sur des contraintes convexes : une contrainte est convexe sur une variable v si pour toute affectation des autres variables, l'ensemble des solutions de cette contrainte forme un intervalle. Le principe de lookahead convexe consiste à analyser les bornes des domaines des variables sur lesquelles une contrainte est convexe.

Propagateurs quantifiés dédiés. Lucas Bordeaux dresse dans sa thèse de doctorat [16] une liste de propagateurs quantifiés pour les contraintes booléennes et arithmétiques usuelles (binaires et ternaires). Chaque schéma de quantification des variables possède un propagateur différent, ce qui permet de réduire les domaines plus précisément selon chaque cas. Cependant, dans le cas général, il est nécessaire de créer autant de propagateurs qu'il existe de schémas de quantification possible. C'est à dire quatre propagateurs par contrainte binaire ($\forall\forall$, $\forall\exists$, $\exists\forall$, et $\exists\exists$), huit par contrainte ternaire, et dans le cas général, 2^n pour une contrainte n-aire. De plus, il est impossible de développer des propagateurs quantifiés dédiés dans le cas des contraintes globales, où le nombre de variables est inconnu à l'avance et peut être arbitrairement grand.

Dans le cas des contraintes binaires, Ian Gent, Peter Nightingale et Kostas Stergiou proposent dans [35] un pré-traitement permettant d'éliminer les contraintes dont les variables (notons les X et Y) sont quantifiés selon les schémas $\forall X \forall Y$ et $\exists X \forall Y$. Ce pré-traitement consiste à vérifier que toutes les contraintes entrant dans premier cas sont pleines (le problème étant trivialement inconsistant dans le cas contraire), et, pour toutes les contraintes entrant dans le second cas, à éliminer toute valeur x de D_X n'ayant pas la totalité des valeurs de D_Y comme support. Ainsi, il n'est nécessaire que de créer un propagateur dédié pour le schéma $\forall\exists$, et d'utiliser le propagateur non quantifié pour $\exists\exists$.

Réduction des domaines des variables universelles. Dans une recherche en profondeur dans un QCSP, il est nécessaire, lorsque l'on rencontre une variable universelle, de parcourir tout son domaine pour trouver une solution. Ce parcours peut, bien entendu, s'arrêter prématurément si une inconsistance est détectée pour une des valeurs de ce domaine. Cependant, d'autres méthodes ont été créées pour réduire à proprement parler le domaine de ces variables universelles. Le principe général de ces méthodes est, comme pour les variables existentielles, de détecter des valeurs dont le retrait ne modifie pas la satisfiabilité du problème. Par exemple, une valeur dont on détecte que l'affectation rend le problème trivialement vrai (toutes les contraintes du goal deviennent pleines) peut être écartée de la recherche.

Dans [35], Ian Gent et Peter Nightingale proposent une première définition de ce qu'ils appellent la règle dite de la *pure value*. Cette règle permet de supprimer des valeurs du domaine des variables universelles et d'affecter directement une valeur à une variable existentielle à la manière de la règle du "pure litteral" de l'algorithme DPLL pour résoudre les problèmes SAT. Cette première définition est restreinte aux QCSP binaires et veut qu'une valeur x d'une variable v d'un QCSP (P, G) soit dite *pure* si et seulement si l'affectation $x \rightarrow v$ est compatible avec *toute* valeur de *toute autre* variable v' du problème. Soit, plus formellement, $x \in D_v$ est pure si et seulement si pour toute variable v' du problème telle que $v' \neq v$, si G contient une contrainte $c = (\{v, v'\}, T)$, alors pour toute valeur x' de $D_{v'}$, (x, x') est dans T. Plus informellement, si une valeur de v est pure, alors le fait qu'il n'y ait pas de solution au sous-problème correspondant implique que tous les autres sous-problèmes correspondant aux autres valeurs de V. Ainsi, par contraposée, la découverte d'une solution à l'un de ces sous-problèmes attestera de l'existence d'une solution au sous-problème correspondant à la valeur pure. Dans le cas contraire, étant donné que v est universelle, le problème est faux de toute façon.

Nightingale étend cette règle aux QCSP non binaires dans sa thèse de doctorat [43] : pour chaque contrainte, $c_i = (W_i, T_i)$ de G, il définit sa négation $\neg c_i = (W_i, \neg T_i)$ avec $\neg T_i = D_i^W - T_i$. Une valeur a d'une variable V est alors pure si, et seulement si, elle rend tous les CSP $\{\neg c_i\}$ inconsistants, c'est à dire si l'affectation de a à V rend toutes les contraintes du problème pleines.

Chapitre 5

QCSP$^+$

5.1 Motivations

5.1.1 Des difficultés de modélisation avec les QCSP

Les QCSP étant PSPACE-complets, ils sont strictement plus expressifs que les CSP : il existe des gammes de QCSP pour lesquels il n'existe pas de réduction polynomiale en CSP (à moins que NP = PSPACE). En d'autres termes, Il existe donc des problèmes que l'on peut exprimer de manière "compacte" en QCSP et pas en CSP. Cependant, à notre connaissance, la littérature ne propose que très peu de modélisations de problèmes réels en QCSP. Cet état de fait pouvait dans un premier temps s'expliquer par l'absence de solveurs implémentant de manière efficace une large gamme de contraintes, comme c'est le cas pour les solveurs de CSP non quantifiés. Cependant, même en disposant par la suite d'un solveur complet, la modélisation de problèmes non-triviaux en QCSP s'est avérée de manière générale assez ardue. Par la suite, les seules modélisations en QCSP à notre connaissance se limitent à des jeux de stratégie comme le mortion ou le Puissance 4, et nécessitent d'utiliser des techniques spéciales que nous détaillerons par la suite, et qui limitent les possibilités de modélisation.

Analysons cette difficulté de modélisation : dans un jeu à deux joueurs, l'adversaire doit respecter des règles, qui limitent généralement de manière dynamique les coups qu'il peut jouer. Par exemple, dans le jeu du morpion, il n'est pas permis de jouer une case qui l'a déjà été. Dans le Puissance 4, on ne peut pas glisser un pion dans une colonne pleine. Dans des problèmes moins ludiques, un ennemi a généralement des capacités finies, qui limitent ses choix au moins en fonction des attaques qu'il a déjà portées. Enfin, dans les problèmes où il y a une incertitude sur l'environnement, certaines configurations ont une probabilité suffisamment faible pour qu'on veuille ne pas les considérer.

Lorsque l'on tente de modéliser ce genre de problèmes en QCSP, on se heurte au fait que les variables universelles, qui représentent naturellement les coups de l'adversaire, ne peuvent pas être réduites : une stratégie gagnante doit prendre en compte toutes les affectations possibles des variables universelles. Il est donc nécessaire d'employer des techniques pour contourner ce problème.

Pour illustrer ce problème de modélisation, comparons différentes variantes d'un jeu très simple : le *jeu de Nim*. La version de base a été présentée dans la section 3.4, ainsi que sa modélisation que nous rappelons ci-après. Le *Nim Black-Jack*, et le *Nim-Fibonacci* proposent des règles légèrement différentes, qui imposent des restrictions sur la nature des coups joués.

Nous avions donné, pour un jeu de Nim à 10 allumettes où chaque joueur retire entre 1 et 3 allumettes, la représentation en QCSP suivante :

$$((\exists, X_1), (\forall, Y_1), (\exists, X_2), (\forall, Y_2), (\exists, X_3)), [X_1 + Y_1 + X_2 + Y_2 + X_3 = 10]$$

Il est possible d'adopter une autre modélisation qui, à chaque tour de jeu, fait apparaître le nombre d'allumettes restant dans le tas, et présente l'avantage de ne contenir que des contraintes ternaires tout en restant aisément compréhensible :
$$((\exists, X_1), (\forall, Y_1), (\exists, X_2), (\forall, Y_2), (\exists, X_3, S_1, S_1', S_2, S_2', S_3)),$$
$$[S_1 = 10 - X_1; S_1' = S_1 - Y_1; S_2 = S_1' - X_2; S_2' = S_2 - Y_2; S_3 = S_2' - X_3; S_3 = 0]$$

Dans cette modélisation, chaque variable S_i et S'_i représente la quantité d'allumettes restante dans le tas à la fin de chaque tour.

Proposons maintenant un jeu légèrement différent :

Exemple 17 (Jeu de Nim Black-Jack) *Le jeu de Nim Black-Jack consiste en quatre pions A,B,C et D ayant respectivement pour valeur 3, 15, 17 et 19. Chaque joueur prend un pion tour à tour. Le joueur qui a le plus haut score en fin de partie l'emporte, cependant il est interdit de faire un score supérieur à 21.*

La modélisation de cette variante en QCSP est cependant plus ardue : d'une part, il faut interdire autant au joueur existentiel qu'au joueur universel de faire un score supérieur à 21, et d'autre part, lorsqu'un pion est retiré, il ne doit pas pouvoir être retiré à nouveau.

Pour les coups du joueur existentiel, il est aisé d'inclure ces règles dans le QCSP : il suffit d'ajouter les contraintes correspondantes dans le goal ; ainsi, les coups correspondants ne pourront plus satisfaire le goal. A l'inverse, celles du joueur universel posent problème : en effet, il faut que le goal devienne trivialement vrai dès lors que ces règles n'ont pas été respectées. Ainsi, seuls les coups respectant ces règles sont susceptibles d'invalider le goal.

D'un point de vue formel, en posant le domaine $D = \{3, 15, 17, 19\}$, la formule logique représentant ce problème est en fait la suivante :

$\exists X_1 \in D$
$\quad \forall Y_1 \in D(X_1 \neq Y_1) \to ($
$\qquad \exists X_2 \in D(X_2 \neq Y_1 \wedge X_2 \neq X_1) \wedge ($
$\qquad \forall Y_2 \in D(Y_2 \neq X_2 \wedge Y_2 \neq Y_1 \wedge Y_2 \neq X_1) \to ($
$\qquad\quad X_1 + X_2 \geq Y_1 + Y_2)))$

ce qui, sous forme prénèxe donne :

$\exists X_1 \in D, \forall Y_1 \in D, \exists X_2, \forall Y_2$
$\quad (X_1 \neq Y_1) \to ($
$\qquad (X_2 \neq Y_1 \wedge X_2 \neq X_1 \wedge X_1 + X_2 \leq 21) \wedge ($
$\qquad (Y_2 \neq X_2 \wedge Y_2 \neq Y_1 \wedge Y_2 \neq X_1 \wedge Y_1 + Y_2 \leq 21) \to ($
$\qquad\quad X_1 + X_2 \geq Y_1 + Y_2)))$

Les implications qui jonchent cette dernière formule sont problématiques pour une représentation en QCSP : il faut en effet traiter les disjonctions qu'elles renferment de manière efficace, et surtout, tout en gardant un modèle compréhensible. Notons que le problème d'efficacité d'une telle formule a été aussi étudié dnas le domaine des QBF, notamment dans [2].

5.1.2   Contournement du problème en QCSP

En programmation par contraintes quantifiées, différentes méthodes ont été proposées pour parer à ce problème de modélisation du comportement de l'adversaire. Certaines consistent à localiser chaque disjonction dans une contrainte, tandis que d'autres proposent de modifier le formalisme lui-même.

Réification des contraintes.   Une première méthode pour contourner ce problème en QCSP consiste à réifier toutes les contraintes et à utiliser les variables booléennes ainsi obtenues pour représenter la disjonction cachée dans la série d'implications. Ainsi, dans l'exemple précédent, on considère plutôt la formule logique suivante, qui a la même valeur de vérité (en considérant que les variables $B_1 \ldots B_9$ ont un domaine booléen) :

$\exists X_1 \in D, \forall Y_1 \in D, \exists X_2 \in D, \forall Y_2 \in D, \exists B_1 \ldots B_9 \in \{\top ; \bot\}$
$\quad (X_1 \neq Y_1 \leftrightarrow B_1) \wedge (X_2 \neq Y_1 \leftrightarrow B_2) \wedge$
$\quad (X_2 \neq X_1 \leftrightarrow B_3) \wedge (X_1 + X_2 \leq 21 \leftrightarrow B_4) \wedge$
$\quad (Y_2 \neq X_2 \leftrightarrow B_5) \wedge (Y_2 \neq Y_1 \leftrightarrow B_6) \wedge$
$\quad (Y_2 \neq X_1 \leftrightarrow B_7) \wedge (Y_1 + Y_2 \leq 21 \leftrightarrow B_8) \wedge$
$\quad (X_1 + X_2 \geq Y_1 + Y_2 \leftrightarrow B_9) \wedge$
$\qquad B_1 \to ((B_2 \wedge B_3 \wedge B_4) \wedge ((B_5 \wedge B_6 \wedge B_7 \wedge B_8) \to (B_9)))$

Les inconvénients d'une telle méthode sont cependant multiples : d'une part, autant la plupart des contraintes binaires et ternaires ont des propagateurs réifiés, autant les contraintes globales n'en disposent généralement pas, ce qui élimine d'entrée leur utilisation, et force à les exprimer via des contraintes plus simples, dont les propagateurs ne pourront effectuer autant de réductions de domaines. D'autre part, une contrainte réifiée ne permet aucune réduction de domaine tant que la variable booléenne correspondante n'a pas été affectée. Or, de par la situation de ces variables dans le préfixe, elles ne pourront être instanciées qu'à la fin de la recherche.

Variables "Ghost" et contraintes "Shadow". Dans sa thèse de doctorat [43] et plusieurs autres articles, Peter Nightingale parvient à modéliser le jeu du Puissance-4 et le jeu du Morpion en contournant ce problème via l'utilisation de ce qu'il appelle des "ghost variables", dont la valeur est fixée par des "Shadow constraints" : le principe est de créer pour chaque variable universelle Y un double G_Y quantifié existentiellement (la *Ghost Variable*) et de lier ces deux variables par une contrainte exprimant $Regles(X, Y) \rightarrow (Y = G_Y)$ (la *Shadow Constraint*), avec $Regles(X, Y)$ une contrainte n'autorisant pour les variables de Y que les coups valides, en fonction de l'état de la partie. Les autres contraintes (servant à représenter le plateau de jeu et lesconditions de victoire du joueur existentiel) ne concernent que des variables existentiellement quantifiées (ghost ou non). Ainsi, seules ces contraintes lient les variables universelles, et les valeurs qui ne respectent pas les règles sont éliminées de la recherche par la règle de la Pure Value.

Cependant, tentons de modéliser selon cette méthode le jeu de Nim Black-Jack : les variables X_1, X_2, Y_1 et Y_2 de domaine $D = \{3, 15, 17, 19\}$ sont conservées, de même que leur schéma de quantification ($\exists X_1, \forall Y_1, \exists X_2, \forall Y_2$. La modélisation "Ghost and shadows" des règles consiste en deux étapes :
– Deux ghost-variables G_{Y_1} et G_{Y_2} sont crées à partir des deux variables universelles. Elles sont quantifiées existentiellement, et placées en dernier dans le préfixe.
– Les deux Shadow-constraints sont ajoutées au goal. Lors du premier coup, le joueur universel ne doit pas prendre la même boule que son adversaire vient de prendre. Les valeurs des deux variables doivent donc être différentes pour que le coup soit valide. Cette contrainte est donc $(Y_1 \neq X_1) \rightarrow Y_1 = G_{Y_1}$. Pour le second coup, il faut d'une part ne pas jouer un pion déjà retiré, et ne pas faire 21. La contrainte correspondante est donc $(Y_2 \neq X_2 \wedge Y_2 \neq X_1 \wedge Y_2 + Y_1 \leq 21) \rightarrow Y_2 = G_{Y_2}$

On observe d'une part, que ce procédé de modélisation, s'il est aisé à mettre en oeuvre pour des règles simples, devient plus ardu lorsque les règles sont moins immédiates : l'implication entraîne de pouvoir modéliser la négation de la règle, et de la mettre en disjonction avec la contrainte d'égalité liant une variable à son ghost. De plus, dans le cas où la règle devient inconsistante (i.e. le joueur universel n'a plus de moyen de jouer), la variable et son double ne pourront plus être liés d'aucune manière, Cependant, aucune valeur de la ghost variable ne correspond à un coup valide non plus, et le problème devient alors faux. C'est ce qui se passe dans notre cas : le but du jeu est, lorsque les règles sont respectées, que le joueur existentiel fasse un score plus haut que son adversaire, soit que la contrainte $X_1 + X_2 > Y_1 + Y_2$ soit satisfaite. La modélisation "Ghost and shadows" complète du jeu de Nim Black Jack serait donc :

$\exists X_1$
$\quad \forall Y_1$
$\qquad \exists X_2$
$\qquad\quad \forall Y_2$
$\qquad\qquad \exists G_{Y_1}, G_{Y_2}$

$$(Y_1 \neq X_1) \rightarrow Y_1 = G_{Y_1}$$
$$(Y_2 \neq X_2 \wedge Y_2 \neq X_1 \wedge Y_2 + Y_1 \leq 21) \rightarrow Y_2 = G_{Y_2} \ (1)$$

$$Alldiff(X_1, X_2, G_{Y_1}, G_{Y_2}) \ , \ X_1 + X_2 < 21 \ (2)$$

$$X_1 + X_2 > G_{Y_1} + G_{Y_2} \ (3)$$

En plus des contraintes (1) modélisant les règles de l'adversaire, les contraintes (2) représentent les règles du joueur existentiel, et (3) le but du jeu.

Cependant, cette modélisation ne respecte en fait pas le jeu initial : dans celui-ci, une stratégie gagnante pour le premier joueur consiste à prendre d'abord la boule de score 3, ce qui empêche le joueur adverse de faire moins de 21, et ainsi de remporter la partie. Ici, si X_1 prend la valeur 3, quoi qu'il advienne par la suite, $Y_2 + Y_1 \leq 21$ ne pourra effectivement jamais être respectée. Malgré cela, les variables G_{Y_1} et G_{Y_2} vont quand même se voir attribuer des valeurs parmi les valeurs restantes possibles (15, 17 ou 19). Or, même dans le cas le plus propice au joueur existentiel, où X_2 prend la valeur 19, et où G_{Y_1} et G_{Y_2} prennent les valeurs 15 et 17, la contrainte $X_1 + X_2 > G_{Y_1} + G_{Y_2}$ n'est pas respectée. Tout le problème est donc faux dans ce cas là, alors qu'il existe une stratégie gagnante dans le jeu initial.

Ce principe de modélisation nécessite donc, dans ces cas, de mettre en place d'autres mécanismes afin de donner la bonne valeur de vérité au scénario.

Strategic CSPs. En 2006, Christian Bessière et Guillaume Verger avaient proposé dans [15] un formalisme appelé *CSP stratégiques* afin de pallier à ce problème de modélisation. Les CSP stratégiques adaptent les QCSP en les modifiant de deux manières : d'une part, ils introduisent, en plus des variables traditionnelles (que Verger appelle variables de *décision* dans sa thèse de doctorat [55], et qui sont ordonnées, comme les variables des QCSP) des variables dites *d'état*, non quantifiées, destinées à représenter l'état du problème à chaque coup. D'autre part, ils remplacent le quantificateur universel $\forall$ par un quantificateur $\mathring{\forall}$, dont la sémantique est telle que, une fois que les variables de décision précédentes sont affectées, $\mathring{\forall}W$ ne porte que sur les valeurs de D_W encore consistantes dans le problème de contraintes obtenu en considérant exactement l'ensemble de contraintes dans lesquelles V est impliquée. Ainsi, ces contraintes ont en premier lieu le rôle de représenter la restriction des coups possible de l'adversaire.

Cependant, la modélisation de problèmes dans ce formalisme requiert une attention toute particulière sur chaque contrainte posée : en effet, les réductions de domaines qu'elle engendre avant et après qu'une variable quantifiée avec $\mathring{\forall}V$ ait été affectée ont une sémantique différente. De plus, comme le fait déjà remarquer Peter Nightingale dans [43], deux ensembles de contraintes ayant la même sémantique dans le cadre des CSP ou des QCSP peuvent ne plus être semblables dans les Strategic CSP. Ainsi par exemple, une contrainte globale *AllDifferent* n'est pas similaire à une clique de contraintes de différences : en effet, considérons un Strategic CSP constitué uniquement de variables de décision quantifiées et ordonnées de la manière suivante : $\mathring{\forall}x\mathring{\forall}y\exists z$, les trois variables ayant pour domaine $\{0, 1\}$. Si on pose la contrainte $AllDifferent(x, y, z)$, aucune valeur de x n'est consistante avec cette contrainte, et le problème est donc trivialement vrai (intuitivement, le joueur universel ne pouvant pas jouer, il perd la partie). De l'autre coté, si on pose la clique de différences $x \neq y$, $x \neq z$, $z \neq y$, alors les valeurs valides de x sont celles qui sont consistantes avec $x \neq y$ et $x \neq z$, c'est à dire 0 et 1. Pour $x = 0$, les valeurs considérées pour y sont celles qui sont consistantes avec $x \neq y$ et $y \neq z$, c'est à dire la valeur 1. Or, pour $x = 0$ et $y = 1$, le domaine de z est vidé par les contraintes. z étant une variable existentielle, cela rend le problème faux.

5.1.3   Arrêt précoce d'un jeu

Les jeux à deux joueurs au tour par tour présentent aussi des cas où le nombre de tours est borné, mais où chaque partie peut avoir un nombre de tours différent. Prenons par exemple une autre variante du jeu de Nim :

Exemple 18 (Jeu de Nim-fibonacci) *Le jeu de Nim-Fibonacci consiste, à l'instar du jeu de Nim traditionnel, en un tas de N allumettes duquel chaque joueur en retire tour à tour. La différence réside dans le nombre d'allumettes qu'un joueur peut prendre à un tour donné : un joueur peut en effet retirer jusqu'au double du nombre d'allumettes retirées au tour précédent. Ainsi, si son adversaire vient de ne retirer qu'une seule allumette, il ne pourra en prendre qu'une ou deux. Le nombre d'allumettes que peut retirer le premier joueur ne peut excéder la moitié du tas (i.e. $\frac{N}{2}$).*

Comme pour le Nim traditionnel, le but du jeu est de retirer la dernière allumette.

La modélisation de cette variante en QCSP pose, en plus de la modélisation des règles devant être suivies par l'adversaire, d'autres problèmes : en effet, certains scénarios de parties peuvent comporter N tours (si chaque joueur se cantonne à retirer une seule allumette par tour) tandis que d'autres sont extrêmement rapides (si chaque joueur retire beaucoup d'allumettes). Le problème de pouvoir détecter si la valeur de vérité du goal est fixée se pose donc là aussi : les méthodes de propagation utilisées en programmation par contraintes permettent de détecter des inconsistances, mais pas des contraintes pleines. Ainsi, un scénario gagné très tôt par le joueur existentiel peut amener à de la recherche inutile s'il n'est pas détecté à temps en tant que tel.

Le formalisme des QCSP$^+$ se propose de représenter explicitement les restrictions imposées sur les quantificateurs. Chaque restriction est définie sous la forme d'un ensemble de contraintes : le quantificateur ne porte alors que sur les tuples solution de ce CSP. Un QCSP$^+$ se présente donc comme un QCSP dont chaque quantificateur est augmenté d'un ensemble de contraintes.

5.2 Formalisme

Un QCSP$^+$ doit, comme dit précédemment, intégrer un CSP pour réduire la portée d'un quantificateur. Ces CSP sont donc ajouté directement dans les qset :

Définition 19 (Rqset) *Un* rqset *est un triplet* (q, W, C) *où* $q \in \forall, \exists$, *W un ensemble de variables et C un ensemble de contraintes.*

De la même manière que dans les QCSP standards, aucune variable libre ne doit apparaître dans la formule. Ainsi, il est nécessaire que les variables des CSP introduits dans le préfixe soient quantifiées dès leur première apparition et donc, de n'utiliser que des variables déjà définies. Un préfixe de QCSP$^+$ bien formé est donc défini ainsi :

Définition 20 (Préfixe de QCSP$^+$) *On appelle* préfixe de QCSP$^+$ *une suite de rqsets* $((q_1, W_1, C_1), \ldots, (q_n, W_n, C_n))$ *telle que :*
- *$\forall i, j \in 1..n$ t.q. $i \neq j$, $W_i \cap W_j = \emptyset$;*
- *$\forall i \in 1..n$, $var(C_i) \subseteq (W_1 \cup \ldots \cup W_i)$;*

La notion de préfixe étant adaptée, le QCSP$^+$ lui même se défini de manière analogue au QCSP :

Définition 21 (QCSP$^+$) *Un* QCSP$^+$ *est un couple* (P, G) *avec P un préfixe de QCSP$^+$* $[(q_1, W_1, C_1), \ldots, (q_n, W_n, C_n)]$ *et G un ensemble de contraintes dont les variables sont contenues dans $W_1 \cup \ldots \cup W_n$.*

5.2.1 Sémantique

Un QCSP$^+$ (P, G) où $P = [(\exists, W_1, C_1), (\forall, W_2, C_2), \ldots, (\exists, W_n, C_n)]$ représente la formule logique suivante :
$$\exists W_1 \in D^{W_1} [\![C_1]\!] \bigwedge ($$
$$\forall W_2 \in D^{W_2} [\![C_2]\!] \Rightarrow ($$
$$\ddots$$
$$\exists W_n \in D^{W_n} [\![C_n]\!] \bigwedge ($$
$$[\![G]\!])))$$

La définition inductive de la sémantique décisionnelle des QCSP, décrite en 3.2, s'adapte simplement en prenant en compte les restrictions sur les quantificateurs :

Définition 22 (Sémantique décisionnelle d'un QCSP$^+$) *La* sémantique décisionnelle *d'un QCSP$^+$ $Q = (P, G)$, notée $[\![Q]\!]_d$, est définie inductivement de la façon suivante :*
Cas de base $[\![([\,], \top)]\!]_d = vrai$ *et* $[\![([\,], \bot)]\!]_d = faux.$
Récurrence

- $[\![([(\exists, W, C)|P'], G)]\!]_d = \bigvee\limits_{w \in sol(C)} [\![(P', G_{W \leftarrow w})]\!]$
- $[\![([(\forall, W, C)|P'], G)]\!]_d = \bigwedge\limits_{w \in sol(C)} [\![(P', G_{W \leftarrow w})]\!]$

Fusion de deux rqsets existentiels consécutifs   Étant donné cette sémantique, il est possible
de fusionner deux rqsets consécutifs $(\exists, W_i, C_i), (\exists, W_{i+1}, C_{i+1})$. En effet, un QCSP$^+$ ayant une
telle configuration s'interprète :

$$
\begin{aligned}
&\ddots\\
&\exists W_i \in D^{W_i} [\![C_i]\!] \bigwedge(\\
&\quad \exists W_{i+1} \in D^{W_{i+1}} [\![C_{i+1}]\!] \bigwedge(\\
&\qquad \ddots\\
&\qquad [\![G]\!])))
\end{aligned}
$$

ce qui se réécrit localement :

$$
\begin{aligned}
&\ddots\\
&\quad \exists W_i \in D^{W_i} \exists W_{i+1} \in D^{W_{i+1}} [\![C_i]\!] \bigwedge([\![C_{i+1}]\!]\\
&\qquad \ddots\\
&\qquad [\![G]\!])))
\end{aligned}
$$

L'interprétation d'un CSP étant la conjonction des interprétation de toutes les contraintes le
constituant, on peut donc écrire :

$$
\begin{aligned}
&\ddots\\
&\quad \exists \{W_i \cup W_{i+1}\} \in D^{W_i} \times D^{W_{i+1}} [\![C_i \cup C_{i+1}]\!]\\
&\qquad \ddots\\
&\qquad [\![G]\!])))
\end{aligned}
$$

ce qui correspond au rqset $(\exists, W_i \cup W_j, C_i \cup C_j)$.

Par un raisonnement analogue sur l'implication, on arrive au même résultat lorsque deux rqsets
universels se suivent.

5.2.2   Ensemble des solutions

De manière analogue aux QCSP, une solution est une stratégie dont tous les scénarios satisfont
le goal. Cependant, les scénarios sont restreints par les rqsets. L'ensemble des stratégies gagnantes
d'un QCSP$^+$ est donc défini, comme pour les QCSP, de manière inductive, mais en prenant en
compte ces restrictions : pour les affectation des variables universelles invalidés par un restricteur,
toute stratégie, gagnante ou non, est une solution du problème, sa validité étant déjà assurée par
l'inconsistance du restricteur universel.

On tire donc cette définition de l'ensemble des stratégies gagnantes :

Définition 23 (Stratégie gagnante d'un QCSP$^+$) *Une stratégie est gagnante pour un QCSP$^+$*
si et seulement si elle fait partie de l'ensemble défini inductivement comme suit :
- WIN$((\lbrack\rbrack, G)) = sol(G)$
- WIN$((\lbrack(\exists, W, C)|P'\rbrack, G)) = \{t \bowtie s \mid t \in D^W \wedge t|_{var(C)} \in sol(C) \wedge s \in \text{WIN}(P', G)\}$
- WIN$((\lbrack(\forall, W, C)|P'\rbrack, G)) = \{\ \bigcup \alpha(D^W) \mid \alpha \in \Pi_{t \in D^W}(\ \{\ t \bowtie s \mid t|_{var(C)} \in sol(C)\ ?\ s \in$
  WIN$(P', G) : s \in \text{STRAT}(P', G)\ \}\ )\ \}$

Rappelons que le cas de base WIN$((\lbrack\rbrack, G)) = sol(G)$ se décline en seulement deux possibilités :
étant donné que le préfixe est vide, et que les variables du goal doivent se retrouver dans le préfixe,
le goal n'a donc aucune variable, ce qui le restreint à deux cas possible : soit il est égal à $\emptyset$ et son
unique solution est $\{\}$, soit il ne contient qu'une contrainte vide, et il n'a pas de solution.

Notons que cette définition est susceptible de générer un très grand nombre de stratégies gagnantes, pratiquement identiques, toute valeur inconsistante pour une variable universelle se voyant
attachée l'ensemble de toutes les sous-stratégies possibles du sous-problème correspondant. Pour
pallier à cet inconvénient, nous proposons une seconde définition de la notion de stratégie de
QCSP$^+$, dans laquelle un scénario débouchant sur une inconsistance d'un restricteur universel sera
représenté simplement par un n-uplet tronqué aux seules valeurs déjà affectées :

Définition 24 (Représentation compacte des stratégies gagnantes)
Dans leur représentation compacte, l'ensemble des stratégies gagnantes d'un $QCSP^+$ est défini comme suit :

- $\text{WIN}(([], G)) = sol(G)$
- $\text{WIN}(([(\exists, W, C)|P'], G)) = \{t \bowtie s \mid t \in D^W \wedge t|_{var(C)} \in sol(C) \wedge s \in \text{WIN}(P', G)\}$
- $\text{WIN}(([(\forall, W, C)|P'], G)) = \{ \bigcup \alpha(D^W) \mid \alpha \in \Pi_{t \in D^W}(\{ t \bowtie s \mid t|_{var(C)} \in sol(C) ? s \in \text{WIN}(P', G) : s = () \})\}$

Notons qu'à l'instar des QCSP, l'ensemble des stratégies gagnantes constitue une seconde sémantique des $QCSP^+$.

Définition 25 (Sémanique stratégique d'un $QCSP^+$) *On appelle sémantique stratégique d'un $QCSP^+$ Q, notée $[\![Q]\!]_s$ l'ensemble de ses stratégies gagnantes.*

5.3 Exemples

Cette section reprend les variantes du jeu de Nim et en propose des exemples de modélisations en $QCSP^+$. Cependant, le chapitre 6 illustre une discussion sur la modélisation dans ce même formalisme par des exemples plus complexes.

5.3.1 Nim Black-Jack

La version *Black-Jack* du jeu de Nim se représente aisément en $QCSP^+$: on se donne les quatre variables X_1, X_2, Y_1, Y_2 représentant les coups des joueurs existentiel et universel. Elles restent donc quantifiées et ordonées de la même manière que décrit dans la section 5.1.2, c'est à dire $\exists X_1 \forall Y_1 \exists X_2 \forall Y_2$. Les contraintes représentant la validité des mouvements de chaque joueur se placent dans les rqsets correspondants :

- le premier coup du premier joueur est libre. Le premier rqset n'est donc pas contraint.
- Le premier coup du second joueur doit être différent du précédent. Le second rqset contient donc la contrainte $X_1 \neq Y_1$.
- Le second coup du premier joueur doit être différent des précédents, et la somme des deux coups de ce joueur ne doit pas être supérieure à 21. Les contraintes du troisième rqset sont donc : $AllDiff(X_1, Y_1, X_2)$, $X_1 + X_2 \leq 21$.
- Le second coup du second joueur obéit aux mêmes règles. Le quatrième rqset est donc contraint de la manière suivante : $AllDiff(X_1, Y_1, X_2, Y_2)$, $Y_1 + Y_2 \leq 21$

Une fois les règles posées, il ne reste qu'à exprimer dans le goal les conditions de victoire du premier joueur, par la contrainte $X_1 + X_2 < Y_1 + Y_2$.

En considérant les variables X_1, X_2, Y_1, Y_2 comme ayant un domaine initial $D = \{3, 15, 17, 19\}$, on définit donc les CSP suivants :

$C_1 = \{\}$
$C_2 = \{Y_1 \neq X_1\}$
$C_3 = \{X_2 \neq X_1; X_2 \neq Y_1; X_1 + X_2 \leq 21\}$
$C_4 = \{Y_2 \neq X_2; Y_2 \neq Y_1; Y_2 \neq X_1; Y_1 + Y_2 \leq 21\}$
$G = \{X_1 + X_2 \geq Y_1 + Y_2\}$

On pose le préfixe

$$P = [(\exists, \{X_1\}, C_1), (\forall, \{X_2\}, C_2), (\exists, \{X_3\}, C_3), (\forall, \{X_4\}, C_4)]$$

La modélisation en $QCSP^+$ du Nim Black-Jack est alors (P, G).

Une stratégie gagnante compacte de ce $QCSP^+$ est :
$\{(3, 15, 17),$
$(3, 17, 15),$
$(3, 19, 15)\}$

On remarque que tous les scénarios de cette stratégie sont tronqués à la troisième valeur. En effet, dans chacun de ces scénarios, le second coup du joueur universel enfreint toujours la règle du jeu, i.e. l'ensemble de contraintes du dernier rqset est toujours violé. Dans la version non compacte de la stratégie gagnante, chacun de ces triplets représente en fait quatre 4-uplets. Par exemple, $(3, 15, 17)$, est une forme compacte pour désigner les 4-uplets

$(3, 15, 17, 3)$,
$(3, 15, 17, 15)$,
$(3, 15, 17, 17)$ et
$(3, 15, 17, 19)$.

Pour obtenir la totalité des 4-uplets de la représentation non-compacte de la stratégie gagnante, il faudrait en outre ajouter l'ensemble des 4-uplets de la forme $(3, 3, x, y)$ avec x et y dans D, et qui correspondent au cas où le second joueur triche dès son premier tour de jeu (la contrainte $X_1 \neq Y_1$ du deuxième rqset étant violée).

5.3.2   Nim Fibonacci

En plus de la restriction des coups de l'adversaire, la modélisation du jeu de Nim-Fibonacci pose, comme nous l'avons vu précédemment, le problème d'avoir des scénarios de longueur variable. Néanmoins, cette longueur est limitée par le nombre N d'allumettes initialement présentes dans le tas : étant donné que chaque joueur retire au moins une allumette à chaque tour, il ne peut y avoir plus de tours de jeu que d'allumettes dans le tas. On modélise donc autant de tours de jeu que nécessaire. Les règles sont les mêmes pour les deux joueurs : retirer un nombre d'allumettes compris entre 1 et le double du nombre d'allumettes retirées au tour précédent. Une autre contrainte exprime aussi le fait qu'il est impossible de retirer plus d'allumettes qu'il n'en reste dans le tas. Ainsi, lorsqu'un joueur vide le tas, il est impossible pour son adversaire de jouer, et il perd donc immédiatement la partie.

Les variables dont nous avons besoin pour cette modélisation sont donc :
- X_i et $Y_i \in [1..N]$ pour i allant de 1 à $\frac{N}{2}$ (N étant, rappelons-le le nombre d'allumettes initialement présentes dans le tas) représentant les nombres d'allumettes retirées respectivement par le joueur existentiel et le joueur universel au tour i ;
- S_i et $S_i' \in [0..N]$ pour i de 1 à $\frac{N}{2}$ représentant les nombres d'allumettes restantes dans le tas après le i-ème mouvement du joueur existentiel (respectivement du joueur universel) ;

On utilisera les contraintes des rqsets pour mettre à jour le nombre d'allumettes restantes dans le tas après chaque tour. Le préfixe de notre modélisation sera donc de cette forme :
$$[(\exists, \{X_1, S_1\}, RQ_1),$$
$$(\exists, \{Y_1, S_1'\}, RQ_1'),$$
$$\ldots,$$
$$(\exists, \{X_{\frac{N}{2}}, S_{\frac{N}{2}}\}, RQ_{\frac{N}{2}}),$$
$$(\exists, \{Y_{\frac{N}{2}}, S_{\frac{N}{2}}'\}, RQ_{\frac{N}{2}}')]$$

La représentation de l'environnement du jeu est particulière en tout début de partie : le tas initial est la constante N, et le premier joueur ne peut pas retirer plus de la moitié du tas d'allumettes. Le nombre d'allumettes restantes sera donc $N - X_0$. Le premier rqset est donc :

$$RQ_1 = (\exists, \{X_1, S_1\}, \{X_1 < \frac{N}{2}; S_1 = N - X_1\})$$

Le second rqset doit contenir la règle selon laquelle le joueur ne peut pas retirer plus de $\{X_1 \times 2\}$ allumettes :
$$RQ_1' = (\forall, \{Y_1, S_1'\}, \{Y_1 < 2 \times X_1; S_1' = S_1 - Y_1\})$$

Par la suite, les règles du jeu sont les mêmes, quel que soit le joueur. Pour i de 2 à $\frac{N}{2}$, on définit donc les paires de rqsets suivantes :

$$RQ_i = (\exists, \{X_i, S_i\}, \{X_i < 2 \times Y_{i-1}; S_i = S_{i-1}' - X_i\})$$

$$RQ_i' = (\forall, \{Y_i, S_i'\}, \{Y_i < 2 \times X_i; S_i' = S_i - Y_i\})$$

Observons ce qu'il se passe lorsque le tas se vide à un tour i donné du joueur existentiel. La variable S_i tombe à 0, et la contrainte $S_i' = S_i - Y_i$ du rqset suivant ne peut plus être satisfaite, entraînant l'invalidation du CSP correspondant. Selon la sémantique des QCSP$^+$, cette invalidation permet de donner directement la valeur de vérité *vrai* au reste du problème (un rqset universel étant faux, la formule logique associée au sous-problème correspondant est de la forme $faux \rightarrow \ldots$ qui s'évalue à *vrai*), sans faire de recherche supplémentaire. Le cas où le joueur universel vide le tas est complètement symétrique : le rqset existentiel suivant ne pouvant être satisfait, le reste du problème s'évalue immédiatement à *faux* (la formule logique associée à ce sous problème étant de la forme $faux \wedge \ldots$).

Les règles de ce jeu sont donc maintenant modélisées, ainsi que la condition de victoire du joueur existentiel (qui est de vider le tas à un moment ou à un autre, avant que son adversaire n'en ait la possibilité). Il n'y a donc plus rien à préciser dans le goal, que nous pouvons donc définir comme vide :

$$G = \emptyset$$

Le QCSP$^+$ (P, G) ainsi défini modélise donc le jeu de Nim-Fibonacci.

5.4 Complexité

Les QCSP$^+$ permettent une modélisation plus aisée des problèmes en effaçant les difficultés que le formalisme des QCSP "purs" pose en la matière. Cependant, le pouvoir d'expression des QCSP$^+$ n'est pas intrinsèquement modifié : l'utilisation de quelque méthode permettant de représenter un problème en QCSP parmi celles présentées en section précédente, si elle peut rendre la modélisation du problème moins lisible (et moins performante), n'en produit pas moins une instance de taille équivalente (polynomialement). Cette partie montre qu'effectivement, les QCSP$^+$ sont PSPACE-complets tout comme les QCSP, et même plus : qu'un QCSP$^+$ doté d'une alternance de quantificateurs donnée réside sur le même échelon de la hiérarchie polynomiale qu'un QCSP doté de la même structure de quantification.

Pour ce faire, il suffit de noter que, dans NP et au delà, l'arité des contraintes n'influe plus sur la complexité. Dès lors, la conversion d'un QCSP$^+$ en QCSP et vice versa est aisée. Dans un souci de clarté, mais sans perte de généralité, les quantificateurs seront indiqués dans la démonstration

Ainsi, un QCSP$^+$

$$([(\exists, W_1, C_1), (\forall, W_2, C_2), \ldots, (\exists, W_n, C_n)], G)$$

peut se réécrire comme le QCSP

$$([(\exists, W_1), (\forall, W_2), \ldots, (\exists, W_n)], C_1 \wedge (C_2 \rightarrow (\ldots \wedge C_n)))$$

le goal de ce QCSP pouvant être représenté par une contrainte globale ad-hoc. Le QCSP ainsi défini a la même structure de quantification.

L'autre sens est immédiat : Etant donné un QCSP

$$([(\exists, W_1), (\forall, W_2), \ldots, (\exists, W_n)], G)$$

on construit le QCSP$^+$ équivalent en introduisant des restricteurs vides dans les qsets, ce qui donne le QCSP$^+$

$$([(\exists, W_1, \emptyset), (\forall, W_2, \emptyset), \ldots, (\exists, W_n, \emptyset)], G)$$

Donc, tout QCSP$^+$ réduisant et se réduisant à un QCSP de même structure de quantification, on en déduit que résoudre un QCSP$^+$ est PSPACE-complet, et que résoudre un QCSP$^+$ ayant une structure de quantification donné est un problème résidant à la même place dans la hiérarchie polynomiale que le problème de résolution d'un QCSP ayant la même structure de quantification.

5.5 Résolution

5.5.1 Procédure de recherche

Dans sa version à réponse booléenne, la procédure de recherche dans les QCSP$^+$ est directement tirée de la sémantique inductive exposée en 5.2.1 : en se basant sur un solveur de CSP externe

Procedure Solve ($[], G$)
   return $Solve\_CSP(G) \neq \emptyset$

Procedure Solve ($[(q, W, C)|P'], G$)
   if q = $\exists$ **then**
     return Solve_e ($[(q, W, C)|P'], G$)
   else
     return Solve_u ($[(q, W, C)|P'], G$)
   end if

Procedure Solve_e ($[(\exists, W, C)|P'], G$)
   SOL = solve_CSP(C)
   for all $t \in SOL$ **do**
     result := Solve($(P', G)[W \leftarrow t]$)
     if result = true **then**
       return true
     end if
   end for
   return false

Procedure Solve_u ($[(\forall, W, C)|P'], G$)
   SOL = solve_CSP(C)
   for all $t \in SOL$ **do**
     result := Solve($(P', G)[W \leftarrow t]$)
     if result = false **then**
       return false
     end if
   end for
   return true

FIGURE 5.1 – Procédure de recherche.

qui fournit une fonction $solve\_CSP$ prenant en paramètre un CSP C et fournissant la liste – éventuellement vide– de ses solutions, on extrait toutes les solutions du premier rqset, conduisant à autant de sous-problèmes dont la valeur de vérité est calculée. La conjonction (resp. la disjonction) de ces valeurs nous donne alors la valeur de vérité du problème entier si le rqset initial est universel (resp. existentiel). La figure 5.1 montre l'algorithme détaillé de cette procédure.

5.5.2   Propagation

Les techniques de propagation spécialement développées pour les QCSP ne sont pas directement applicables aux QCSP$^+$, du fait de la restriction apposée sur les quantificateurs. Cependant, d'autres méthodes de propagations peuvent être envisagées localement ou globalement : d'une part, la procédure SOLVE_CSP utilisée dans l'algorithme 5.1 désigne n'importe quelle procédure de résolution de CSP. Dans la pratique, cette procédure peut donc faire appel à n'importe quelle méthode de propagation afin d'accélérer l'énumération des solutions du restricteur courant. Il faut par ailleurs noter que cette réduction de domaine est propre au restricteur, et ne se répercute aucunement sur le QCSP$^+$ en lui-même.

Cependant, il est possible de prendre en compte cette réduction locale afin de simplifier le QCSP$^+$ en le réécrivant : en effet, si le restricteur du i-ème rqset devient inconsistant, alors la constitution des rqsets suivants et du goal n'a plus aucune incidence sur l'évaluation du problème, la valeur de vérité de celui-ci étant fixée dès ce i-ème restricteur. En effet, selon la sémantique introduite en 5.2.1, on a (si le i-ème rqset est universel, mais le raisonnement est analogue dans le cas contraire) :

$$\exists W_1 \in D^{W_1} [\![C_1]\!] \bigwedge ($$

$$\ddots$$

$$\exists W_{i-1} \in D^{W_{i-1}} [\![C_{i-1}]\!] \bigwedge ($$
$$\forall W_i \in D^{W_i} [\![C_i]\!] \Rightarrow ($$

$$\ddots$$

$$\exists W_n \in D^{W_n} [\![C_n]\!] \bigwedge ($$
$$[\![G]\!])))$$

Mais, si C_i est inconsistant, on a $[\![C_i]\!] = faux$ et donc :

$$\exists W_1 \in D^{W_1} [\![C_1]\!] \bigwedge ($$

$$\ddots$$

$$\exists W_{i-1} \in D^{W_{i-1}} [\![C_{i-1}]\!] \bigwedge ($$
$$\forall W_i \in D^{W_i} faux \Rightarrow ($$

$$\ddots$$

$$\exists W_n \in D^{W_n} [\![C_n]\!] \bigwedge ($$
$$[\![G]\!])))$$

ce qui se réécrit immédiatement :

$$\exists W_1 \in D^{W_1} [\![C_1]\!] \bigwedge ($$

$$\ddots$$

$$\exists W_{i-1} \in D^{W_{i-1}} [\![C_{i-1}]\!] \bigwedge ($$
$$\forall W_i \in D^{W_i} \; vrai$$

et donc :

$$\exists W_1 \in D^{W_1} [\![C_1]\!] \bigwedge ($$

$$\ddots$$

$$\exists W_{i-1} \in D^{W_{i-1}} [\![C_{i-1}]\!] \bigwedge ($$
$$vrai$$

On tire de cela une méthode de propagation appelée *propagation en cascade*. Pour effectuer cette forme de propagation, on considère des domaines *locaux* pour les variables des différents restricteurs. Le principe est de calculer l'arc-consistance sur le premier restricteur, et de sauvegarder l'ensemble des domaines ainsi obtenus comme domaines locaux au restricteur. l'ensemble des domaines locaux du restricteur suivant hérite des domaines locaux de son prédécesseur, et le calcul d'arc-consistance est effectué dessus, et ainsi de suite jusqu'au goal. Si, lors de l'opération, un des CSP devient inconsistant, alors le problème est simplifié de manière analogue à la formule ci-dessus (suppression des rqsets postérieurs du préfixe et introduction d'un goal trivial).

D'une manière plus générale, toute valeur détectée comme inconsistante dans un restricteur donné peut être ignorée dans les restricteurs suivants, et le goal, la présence ou non de solutions de ces CSP affectant cette valeur n'ayant plus d'influence sur la valeur de vérité du problème :

Théorème 26 *Soit $Q = (P, G)$ un $QCSP^+$, avec $P = [(q_1, W_1, C_1), \ldots,$ $(q_n, W_n, C_n)]$. Posons i et j tels que $1 \le i < j \le n$.*

Soit V une variable intervenant dans C_i, et v une valeur du domaine de V. Si l'affectation $V \leftarrow v$ est inconsistante dans C_i, alors l'existence ou non de solution de C_j affectant v à V n'a pas d'influence sur la valeur de la sémantique de Q.

Démonstration Considérons un tel $QCSP^+$ où l'affectation $V \leftarrow v$ est inconsistante pour C_i. Considérons les deux cas inductifs de la définition de l'ensemble des stratégies gagnantes d'un $QCSP^+$ pour le i-ème rsqet :

- Si $q_i = \exists$, on a WIN$((([\exists, W_i, C_i)|P'], G)) = \{ t \bowtie s \mid t \in D^{W_i} \wedge t|_{var(C)} \in sol(C_i) \wedge s \in$ WIN$(P', G)\}$. Or, comme $V \leftarrow v$ est inconsistante pour C_i, la condition $v \in sol(C_i)$ ne peut jamais être vérifiée, et aucune sous-stratégie gagnante ne pourra affecter la valeur v à V, indépendamment de la consistance de v dnas C_j.
- Si $q_i = \forall$, on a WIN$((([\forall, W_i, C_i)|P'], G)) = \{ \bigcup \alpha(D^{W_i} \mid \alpha \in \Pi_{t \in D^{W_i}}(\{ t \bowtie s \mid t|_{var(C_i)} \in$ $sol(C_i)$? $s \in$ WIN(P', G) : $s \in$ STRAT(P', G) $\})$ $\}$. De même, la condition $v \in sol(C_i)$ ne pouvant être vérifiée, pour les scénarios correspondants, on a $(\{ t \bowtie s \mid s \in$ STRAT(P', G) $\})$ $\}$, qui ne prend plus en compte les solutions des restricteurs suivants.

□

Ce théorème nous permet de définir un opérateur sur les QCSP$^+$ préservant la satisfiabilité :

Définition 27 (Propagation en cascade) *On appelle* propagateur en cascade *sur un couple préfixe,goal* (P, G), *étant donnée une famille de domaines temporaire* D, *noté* $Cascade(Q, D)$ *l'opérateur associant* Q *au QCSP$^+$* Q' *défini de la manière suivante :*
- *Cas de base :* $Cascade(([], G), D) = ([], G)$
- *Cas inductif :*
  - *Si* $PROP(C_i|_D) = \emptyset$, $Cascade((([\exists, W_i, C_i)|P'], G), D) = ([], faux)$ *et* $Cascade((([\forall, W_i, C_i], G), D) = ([], vrai)$ *;*
  - *Si* $PROP(C_i|_D) = D'$, $Cascade((([q_i, W_i, C_i)|P'], G), D) =$ $(([q_i, W_i, C_i)|P''], G')$ *avec* P'' *et* G' *tel que* $Cascade((P', G), D') =$ (P'', G')

5.5.3 Heuristiques de recherche

Le guidage de la recherche dans les QCSP influe, comme pour les CSP, grandement sur la rapidité de la résolution. Dans les algorithmes de résolution basés sur le retour-arrière, le choix de la variable doit cependant respecter l'ordre $<$ induit par l'ordre des qsets.

La procédure de recherche des QCSP$^+$ décrite dans la figure 5.1 fait appel à une proédure Solve_CSP qui est en fait une procédure de recherche d'un solveur de CSP classique. Il est donc possible de définir une heuristique de recherche (de CSP non quantifié) à chaque fois que les solution d'un rqset doivent être extraites. Les méthodes les plus génériques consistent à choisir une variable parmi les non-instanciées en fonction d'une heuristique de choix de variable, puis énumérer les valeurs de cette variable selon un ordre défini par une heuristique de choix de valeur. Ces deux heuristiques influent non seulement sur le temps de résolution du CSP, mais aussi sur l'ordre dans lequel les solutions seront découvertes (si elles existent).

Dans [57], Christian Bessière et Guillaume Verger proposent une heuristique de choix de valeur pour les QCSP$^+$ basée sur les réductions de domaines engendrés lors de la propagation en cascade : en se plaçant du point de vue d'un jeu entre le joueur $\exists$ et le joueur $\forall$, l'idée est de diriger la recherche vers des valeurs qui tendent à faire gagner le joueur actuel. Une fois la variable choisie, les valeurs sont donc classées selon trois règles : (1) l'*auto-préservation* consiste à privilégier les valeurs qui *restent consistantes* dans les restricteurs des rqsets quantifiés de la même manière que la variable, évitant ainsi le joueur de se "bloquer" à un tour suivant ; et (2) le *blocage de l'adversaire*, consistant là à privilégier les valeurs qui *deviennent inconsistantes* dans les restricteurs des rqsets quantifiés *de manière opposée* à la variable, favorisant une fin de jeu plus rapide. Ces deux règles sont appliquées dans l'ordre sur les rqsets suivant le rqset courant, classant les valeurs avec une influence de plus en plus faible au fur et à mesure que le rqset considéré s'éloigne de plus en plus du rqset courant.

5.6 QCSP$^+$ non-bloquants

Dans les exemples de QCSP$^+$ montrés en 5.3, il y a des scénarios où un joueur peut être empêché de jouer, ce qui lui fait immédiatement perdre la partie. Par exemple, dans le Nim Black-Jack, un joueur perd s'il ne peut pas prendre l'une des boules restantes sans dépasser 21. dans la modélisation en QCSP$^+$, cela correspond au fait que le restricteur correspondant devient inconsistant, ce qui résout immédiatement le problème.

Cependant, certains jeux ont la propriété de ne jamais faire en sorte qu'un joueur soit bloqué. Dans les QCSP+, cela se traduit par le fait qu'un restricteur ne peut jamais devenir totalement inconsistant : le restricteur du premier rqset a toujours au moins une solution, et chacune de ces solutions est compatible avec une solution du rqset suivant, et ainsi de suite jusqu'au goal. PLus formellement, pour tout i, pour toute affectation σ_1 des variables des $i-1$ premiers rqsets satisfaisant tous les $i-1$ premiers restricteurs, il existe une affectation σ_2 des variables du i-ième rqset tel que l'affectation $\sigma_1 \bowtie \sigma_2$ satisfasse le i-ième restricteur. Cette propriété est en réalité une propriété sur les préfixes de QCSP+, le goal n'entrant à aucun moment en ligne de compte. Un QCSP+ vérifiant cette propriété sera par la suite qualifié de *non-bloquant*.

5.6.1 Formalisation

Formellement, la propriété caractérisant un QCSP+ non bloquant peut être définie de manière inductive comme suit :

Définition 28 (Préfixe non bloquant) *Un préfixe de QCSP+ P est* non-bloquant *si :*
  - $P = []$ *ou*
  - $P = [(q, W, C)|P']$ *et les deux conditions suivantes sont réunies :*
    - C *admet au moins une solution et*
    - *pour tout $A \in sol(C)$, $P'[W \leftarrow A]$ est non-bloquant.*

Définition 29 (QCSP+ non-bloquant) *Un QCSP+ (P, G) est* non-bloquant *si, et seulement si P est non-bloquant.*

Notons qu'un QCSP standard, qui peut être vu comme un QCSP+ dont tous les restricteurs sont vides, est par exemple trivialement non-bloquant.

5.6.2 Résolution

Le fait pour un QCSP+ d'être non-bloquant indique, si on se place du point de vue d'un jeu entre $\forall$ et $\exists$, que quel que soit les coups des deux joueurs, il y aura toujours un moyen de continuer la partie jusqu'à la fin. De cet état de fait, deux observations peuvent être tirées : d'une part, un mouvement susceptible de bloquer le jeu à un endroit donné ne sera par définition pas autorisé ; d'autre part, si une des conditions de victoire devient fausse, le jeu peut d'ores et déjà être considéré comme perdu par le joueur existentiel, car il lui est aussi impossible de gagner en bloquant son adversaire. A l'inverse, si les conditions de victoire deviennent triviales, le jeu peut être considéré comme gagné.

Ces deux observations peuvent être formalisées en deux règles supplémentaires de propagation, qui peuvent être appliquées lors de la résolution d'un QCSP+ non-bloquant.

Fusion des règles La première de ces observations se traduit par le fait qu'il est possible de considérer toutes les contraintes de tous les restricteurs lors de la réduction des domaines des variables. En effet, si par exemple dans un préfixe $[(q_0, W_0, C_0), \ldots, (q_n, W_n, C_n)]$ une contrainte d'un des C_i invalide une valeur d'une variable de W_0, alors cette valeur ne peut pas faire partie d'une solution de C_0, car une telle affectation invaliderait toujours C_i.

Théorème 30 (Fusion des règles) *Soit $Q = (P, G)$ un QCSP+ non-bloquant avec $P = [(q_0, W_0, C_0), \ldots, (q_n, W_n, C_n)]$, et X une variable de W_0. Toute valeur de D_X inconsistante dans un C_i donné est aussi inconsistante dans C_0.*

Démonstration Q étant non-bloquant, C_0 a, par définition, au moins une solution. Supposons qu'il existe une valeur x de D_X consistante dans C_0, mais pas dans un C_i donné. Appelons S_0 une solution qui affecte la valeur x à X.

Hypothèse d'induction : supposons qu'il existe un C_k avec $0 < k < i$ admettant une solution S_k qui affecte x à X. P étant non-bloquant, $C_{k+1}[\{W_0, \ldots, W_k\} \leftarrow S_k]$ a une solution et donc, C_{k+1} admet une solution S_{k+1} qui affecte à X la valeur x.

C_0 vérifiant cette hypothèse, on a donc, par induction, que C_i admet une solution S_i affectant à X la valeur x, ce qui est contradictoire avec l'hypothèse de départ selon laquelle x est inconsistante dans C_0.

Donc, si x est inconsistante dans un C_i donné, elle l'est aussi dans C_0. □

Vérification du goal   La seconde de ces observation revient à dire que, dans les QCSP⁺ non-bloquants, une inconsistance du goal entraîne immédiatement l'inconsistance du problème dans son ensemble.

Théorème 31 (Vérification du goal) *Soit* $Q = (P, G)$ *un QCSP⁺ non-bloquant avec* $P = [(q_0, W_0, C_0), \ldots, (q_n, W_n, C_n)]$.
  – *Si* $sol(G) = \emptyset$, *alors* $\llbracket Q \rrbracket_d = \bot$;
  – *Si* $sol(G) = D^{W_0 \cup \ldots \cup W_n}$, *alors* $\llbracket Q \rrbracket_d = \top$.

Démonstration   Considérons que $sol(G) = \emptyset$. Si $Q = ([], \bot)$, par définition, $\llbracket Q \rrbracket_d = \bot$.

Hypothèse d'induction : étant donné un QCSP⁺ non-bloquant $([(q_0, W_0, C_0)|P'], G)$ avec $sol(G) = \emptyset$, supposons que toute solution s de C_0 est telle que $(P'[W_0 \leftarrow s], G[W_0 \leftarrow s])$ s'évalue à $\bot$.
  – Si $q_0 = \exists$, toute solution de C_0 conduit à un sous-problème faux, et donc le problème entier s'évalue à $\bot$;
  – si $q_0 = \forall$, étant donné que le QCSP⁺ est non-bloquant, il existe une solution s de C_0. Cette solution conduit à un sous-problème faux, et donc le problème entier s'évalue à faux.

Donc, par induction, une inconsistance du goal dans un QCSP⁺ non bloquant entraîne l'inconsistance de tout le problème.

La preuve de la seconde partie est analogue. □

5.6.3   QCSP⁺ semi-bloquants

Telle que présentée ci-dessus, La procédure de résolution d'un QCSP⁺ fait très fréquemment appel à la procédure de recherche d'une solution pour un rqset. Cette recherche de solution peut bénéficier de la technique de fusion des restricteurs, mais la vérification du goal ne peut se faire que lorsque l'ensemble des variables d'un qset vient d'être affecté. En effet, il est impossible, en plein milieu de la résolution d'un restricteur, de savoir si l'état de recherche courant va aboutir à une solution ou non. On ne peut donc pas utiliser la vérification du goal en prenant en compte les réductions de domaines faites sur ce restricteur, étant donné que rien ne dit si ces réductions vont effectivement aboutir à une solution ou non.

Considérons le cas d'un QCSP⁺ $Q = ([(q_0, W_0, C_0)|P'], G)$. Si ce problème à tout point de la recherche de solution du premier restricteur C_0, il n'y a que deux possibilités :
  – soit l'affectation partielle de W_0 effectuée par la recherche de cette solution ne rend pas ce dernier inconsistant, et donc Q est toujours non-bloquant ;
  – soit C_0 est devenu inconsistant (mais on ne l'a pas encore détecté), et la prise en compte de l'affectation partielle des variables de W_0 rend donc Q vrai si $Q_0 = \forall$, ou faux si $Q_0 = \exists$.

Dans les deux cas, notons que si $q_0 = \exists$ et $G = \bot$ (resp. $q_0 = \forall$ et $G = \top$), on a $\llbracket Q \rrbracket = \bot$ (resp. $\llbracket Q \rrbracket = \top$).

Formalisons ce cas spécial :

Définition 32 (Préfixe semi-bloquant)   *soit* $P = [(q_0, W_0, C_0), \ldots, (q_{n-1}, W_{n-1}, C_{n-1}]$ *un préfixe de longueur* n. P *est* $\exists$-semi-bloquant *(resp.* $\forall$-semi-bloquant *si, et seulement si : (1)* $q_0 = \exists$ *(resp.* $q_0 = \forall$*) et (2) pour toute solution* S *de* C_0, *le préfixe* $P|_S = [(q_1, W_1, C_1[W_0 \leftarrow S]), \ldots, (q_{n-1}, W_{n-1}, C_{n-1}[W_0 \leftarrow S])]$ *est non-bloquant.*

Définition 33 (QCSP⁺semi-bloquant)   *Un QCSP⁺* $Q = (P, G)$ *est* $\exists$-semi-bloquant *(resp.* $\forall$-semi-bloquant*) si, et seulement si* P *is* $\exists$-semi-bloquant *(resp.* $\forall$-semi-bloquant*).*

La différence entre cette définition et la définition de préfixe / QCSP$^+$non-bloquant est que l'existence d'une solution pour C_0 n'est plus requise. Cependant, Si il en existe, alors le problème est bien non-bloquant. Dans chacun de ces cas, on peut appliquer une "moitié" du théorème de vérification du goal :

Théorème 34 ($\exists$-semi vérification du goal) *Soit $Q = (P, G)$ un QCSP$^+\exists$-semi-bloquant, avec* $P =$
$[(q_0, W_0, C_0), \ldots, (q_{n-1}, W_{n-1}, C_{n-1})]$. *Si $sol(G) = \emptyset$, alors $[\![Q]\!] = \bot$.*

Démonstration   Si $sol(C_0) = \emptyset$, alors par définition de la sémantique des QCSP$^+$, $[\![Q]\!] = \bot$. Sinon, Q est non-bloquant et le théorème de vérification du goal s'applique. $\square$

Théorème 35 ($\forall$-semi vérification du goal) *Soit $Q = (P, G)$ un QCSP$^+$ $\forall$-semi-bloquant, tel que $P =$*
$[(q_0, W_0, C_0), \ldots, (q_{n-1}, W_{n-1}, C_{n-1})]$. *Si $sol(G) = \prod(D(W_0) \ldots D(W_{n-1}))$, alors $[\![Q]\!] = \top$.*

Démonstration   Si $sol(C_0) = \emptyset$, $[\![Q]\!] = \top$. Sinon, Q est non-bloquant et le théorème de vérification du goal s'applique également. $\square$

5.6.4 Modèles non-bloquants

Détecter si un QCSP$^+$ est non-bloquant n'est pas un problème simple. Il est en effet nécessaire de vérifier que tout début de scénario ne puisse conduire à l'inconsistance d'un restricteur, ce qui revient à parcourir l'ensemble des stratégies du problème, et donc à le résoudre. Il faut donc savoir a priori si un QCSP$^+$ donné est non-bloquant ou pas pour utiliser les techniques de résolution présentées ci-dessus. Le chapitre 6 présente, entre autres, un modèle en QCSP$^+$ du jeu du Morpion, ainsi qu'une version non-blocante.

Chapitre 6

Modélisation de problèmes quantifiés

Différent formalismes sont venus étendre le cadre des CSP afin de modéliser les problèmes avec adversaire. Si l'idée de quantifier certaines variables date de plusieurs décennies, ce n'est que récemment que des travaux proposent des solveurs de QCSP : Lucas Bordeaux fut le premier à recenser un ensemble complet de propagateurs arithmétiques, d'abord dans dans [19] puis dans [16], puis, les travaux de Gent et Nightingale proposèrent des modélisations de problèmes avec adversaire en QCSP, créant et usant de méthodes efficaces pour pallier aux difficultés de modélisations exposées au chapitre 5.1.1. Dans le même temps, les formalismes des Strategic CSP et des QCSP$^+$ voyaient le jour pour pallier de manière générale à ces mêmes difficultés de modélisation, tout en gardant des objectifs de clarté du modèle et de performance.

Ce chapitre présente différents principes de modélisation en QCSP$^+$, en les comparant avec ceux utilisés dans d'autres formalismes liée aux contraintes quantifiées de la littérature, en les illustrant par la modélisation du Morpion, un jeu à deux joueurs suffisamment simple pour que ses différentes modélisations soient détaillées. On en tire un cas particulier de QCSP$^+$, qui permet d'appliquer des méthodes de propagation supplémentaires. D'autres modélisations de problèmes en QCSP$^+$ sont aussi présentés, pointant pour certains les limitations de ce formalisme dans la modélisation de certains problèmes avec adversaire.

6.1 QeCode

La procédure de recherche des QCSP$^+$ décrite dans la figure 5.1 du chapitre 5 a fait l'objet d'une implémentation dans un solveur appelé QeCode [48]. Ce solveur est écrit en C++ et basé sur le solveur de contraintes Gecode de Christian Shulte et al. [34]. L'ensemble des contraintes implémentées dans Gecode (y compris par les utilisateurs, Gecode permettant l'utilisation de propagateurs personnalisés) peut donc être utilisé dans QeCode.

QeCode permet en outre d'extraire, s'il en existe, une stratégie gagnante d'un problème. Cette stratégie est stockée en extension, et peut donc utiliser un espace potentiellement exponentiel en la taille du problème résolu.

6.2 Modélisation de jeux à deux joueurs

Dans cette section, nous comparons les différentes modélisations du jeu du Morpion dans trois formalismes :
- en QCSP, modélisation telle que proposée par Peter Nightingale dans sa thèse de doctorat [43] ;
- en Strategic CSP, modélisation de Guillaume Verger, présentée aussi de manière détaillée dans sa thèse de doctorat [55] ;
- en QCSP$^+$.

Le jeu du Morpion consiste en une grille de 3 par 3 cases où chaque joueur pose tour à tour un signe (l'un des croix, l'autre des ronds). Il est interdit de poser un signe sur une case déjà occupée. L'objectif du jeu est d'aligner trois de ses signes (horizontalement, verticalement ou en diagonale) avant que son adversaire ne puisse le faire. Il y a égalité si, alors que toutes les cases sont remplies, aucun alignement n'a pu être effectué.

6.2.1 Différents modèles pour le Morpion

Modélisation "Ghost-and-Shadows". La modélisation en QCSP que propose Peter Nightingale pour le morpion reprend le principe des variables *Ghost* et des contraintes *Shadow* évoquées dans le chapitre 5.1.2. Le QCSP qui en résulte a une structure particulière résultant de l'utilisation de cette méthode, où les variables universelles sont toutes doublées d'une existentielle, et où elles ne sont liées qu'à une seule contrainte destinée à modéliser la restriction des coups de l'adversaire. Bien qu'il l'ait utilisé à plusieurs reprises, Nightingale n'a jamais exprimé cette méthode de modélisation de manière générale. Nous tentons de le faire ici. Soit une situation opposant deux adversaire (appelés *joueur existentiel* et *joueur universel*) pour une suite finie de coups. Soit une suite d'ensembles de variables X_i représentant les coups du joueur existentiel, et une suite d'ensembles de variables Y_j représentant ceux du joueur universel. Notons $Regles_i$ la contrainte représentant les règles que le joueur existentiel doit suivre au tour i, $Regles'_j$ celle modélisant les règles auxquelles le joueur universel doit se conformer au tour j, et enfin $Goal$ l'ensemble de contraintes permettant de modéliser l'environnement de la situation et les conditions de victoire du joueur existentiel [1]. Sans perte de généralité, considérons que le joueur existentiel débute la partie. La modélisation *Ghost-shadow* du jeu est le QCSP suivant :

$$\exists X_1$$
$$\forall Y_1 \exists G_{Y_1}$$
$$\exists X_2$$
$$\forall Y_2 \exists G_{Y_2}$$
$$\ddots$$
$$\exists X_n$$

$$Regles_1(X_1) \wedge$$
$$(Regles'_1(X_1, Y_1) \rightarrow (Y_1 = G_{Y_1})) \wedge$$
$$Regles_2(X_1, X_2, G_{Y_1}) \wedge$$
$$(Regles'_2(X_1, X_2, G_{Y_1}, Y_2) \rightarrow (Y_2 = G_{Y_2})) \wedge$$
$$\cdots$$
$$(Regles'_{n-1}(X_1, \ldots, X_{n-1}, G_{Y_1} \ldots, G_{Y_{n-2}}, Y_{n-1}) \rightarrow (Y_{n-1} = G_{Y_{n_1}})) \wedge$$
$$Regles_n(X_1, \ldots, X_n, G_{Y_1} \ldots, G_{Y_{n-1}}) \wedge$$
$$Goal$$

Remarquons bien que chaque variable universelle Y_i n'est utilisée qu'une fois, dans la contrainte shadow $Regles'_i(\ldots) \rightarrow (Y_i = G_{Y_i})$. Dans les autres contraintes, seule la variable ghost G_{Y_i} est utilisée.

Suivant cette méthode, Nightingale propose donc un modèle composé de neuf variables m^i de domaine $[1..9]$ représentant chacune le coup du joueur qui joue au i-ème tour. Vient ensuite un ensemble de variables b^i_{pos} représentant l'état de la case pos après le coup i (X, O ou *vide*). Des variables w^i indiquant qui est le gagnant au coup i (X, O ou *personne*), et un ensemble de variables auxiliaires xl^i et ol^i indiquent si l'un ou l'autre joueur a réussi à former une ligne au coup i.

Ces variables sont quantifiées suivant la séquence

$$\exists m^1 \forall m^2 \exists m^3 \ldots \exists m^9 \exists \{b^i_{1..9}, w^i, x^i(xouo)l^i \mid i \in [1..9]\}$$

Les variables xl^i n'existent que pour les coups du joueur 1, donc pour i impair, tandis que les ol^i n'existent que dans les autres cas (i pair).

Pour les coups du premier joueur (donc pour i impair), qui est le joueur existentiel, les contraintes suivantes sont déclarées :
- $mapmove1(b^{i-1}_{pos}, m^i, b^i_{pos})$ qui n'est satisfaite que si une des deux conditions est satisfaite :
  (1) soit $pos \neq m^i \wedge b^{i-1}_{pos} = b^i_{pos}$, (2) soit $pos = m^i \wedge b^i_{pos} = \times$.

---

1. Dans ses articles, Nightingale appelle cet ensemble de contraintes *Model*. Nous préférons ici le terme *Goal* qui représente la même idée dans les QCSP+.

- $findline(b^i_{1..9}, xl^i)$ qui force xl^i à 1 si il y a une ligne de $\times$ sur le plateau de jeu, et 0 sinon.
- $wins1(w^{i-1}, xl^i, w^i)$ qui force $w^{i-1} = w^i$ si cette première n'est pas nulle, et qui force $w^i = xl^i$ sinon.

Pour les coups du joueur universel, les contraintes sont légèrement différentes :

- $shadow(b^{i-1}_{pos}, m^i, sm^i)$, contrainte qui copie m^i dans sm^i si et seulement si, dans le cas où $m^i = pos$, b^{i-1}_{pos} est bien vide. Formellement, elle exprime $(b^{i-1}_{pos} = vide) \rightarrow ((m^i = pos) \rightarrow (sm^i = pos))$.
- $mapmove2$ est la contrepartie de $mapmove1$ pour le joueur adverse. Elle s'applique non plus sur m^i mais sur sm^i. $findline2$ est la contrepartie de $findline1$ pour le joueur adverse, de même que $wins2$.

La condition de victoire du joueur existentiel (qui englobe aussi les cas d'égalité) se traduit par la contrainte $w^5 \neq 0$.

Modélisation en Strategic CSP. Guillaume Verger propose le Morpion comme exemple de modélisation en Strategic CSP. Parmi les deux modèles qu'il propose, le second possède la particularité de permettre de vider le domaine d'une variable universelle, i.e. d'empêcher l'adversaire de jouer, déclarant ainsi le joueur existentiel vainqueur. Ce modèle se compose ainsi :

- Les variables de décision sont au nombre de dix. Les neuf premières sont notées P_i et correspondent chacune au numéro de case joué au tour i. Leur domaine est donc $[1..9]$ et elles sont quantifiées alternativement $\overset{\circ}{\forall}$ et $\exists$. La dixième, notée F, est existentielle et indique quel joueur gagne la partie.
- Les variables d'état contiennent :
  - neuf variables $x_{i,j}$ décrivant chaque case du plateau de jeu (indiquant quel joueur possède la case de la grille). Leur domaine est $\{1,2\}$, la valeur qu'elles prennent indiquant quel joueur a posé un pion sur cette case :
  - une série de variables "drapeau" $F_{r,i}$, $F_{c,i}$ et $F_{d,i}$ indiquant si un joueur a aligné trois pions sur respectivement la i-ème ligne, la i-ème colonne ou la i-ème diagonale. Ces variables ont pour domaine $\{0,1,2\}$, valeurs correspondant respectivement au fait que personne n'aligne de pions à cet endroit, que le joueur 1 (existentiel), ou 2 (universel) ait aligné trois pions ici.

On remarque que dans cette modélisation, contrairement à la modélisation en QCSP (et, sans suspense, à celle en QCSP$^+$ qui va suivre), le plateau de jeu est représenté une seule fois. En effet, lors de la résolution, le fait qu'une case soit vide est représenté par le fait que la variable correspondante ait encore toutes les valeurs dans son domaine. L'interprétation particulière de la consistance des valeurs des variables "universellement" quantifiées permet de traiter cette représentation. Les contraintes de ce modèle sont les suivantes :

1. huit contraintes $Alignement(X_1, X_2, X_3, G)$ où les trois premiers paramètres seront trois variables $x_{i,j}$ correspondant à trois cases alignées, et G la variable drapeau correspondant à cet alignement. Elles permettent de donner une bonne valeur à cette dernière, en garantissant que soit $(X_1 = X_2 = X_3 = k) \leftrightarrow F = k$ pour $k \in \{1,2\}$, soit $G = 0$ si les valeurs de X_1, X_2 et X_3 sont différentes.

2. Neuf contraintes lient les variables de la grille de jeu aux variables de décision. Ces contraintes représentent $(P_i = v) \rightarrow (x_v = 1)$ pour i pair (ce qui correspond aux coups du joueur existentiel) et $(P_i = v) \rightarrow (x_v = 2)$ pour i impair (ce qui correspond aux coups du joueur universel).

3. L'ensemble des variables drapeaux est contraint de manière à ce que les valeurs 1 et 2 n'apparaissent jamais en même temps dans cet ensemble de variables.

4. La condition de victoire est représentée par deux contraintes : $max(F_{*,i}) = F$ et $F = 1$. Elles forcent le fait qu'au moins une des variables drapeaux soit égale à 1, ce qui correspond à un alignement de trois pions du joueur existentiel.

Cette représentation surprenante des conditions de victoire en deux contraintes distinctes (là ou on aurait pu penser que $max(F_{*,i}) = 1$) vient du fait que, F étant une variable de décision, la contrainte $F = 1$ n'est considérée que lorsque toutes les autres variables de décision sont affectées, et que l'on cherche alors quelles sont les valeurs consistantes pour F. Lors de l'affectation des autres variables de décision, cette contrainte n'est pas considérée, ce qui permet aux variables "drapeaux" de conserver la valeur 2 dans leur domaine, et ainsi au joueur universel de jouer une case permettant de le faire gagner. Si la contrainte $max(F_{*,i} = 1$ avait été posée à la place, elle serait devenue une règle du joueur universel, ce qui n'est pas correct. L'avant dernière contrainte (3) modélise aussi une condition de victoire précoce : en effet, dès que l'un des joueurs gagne, cette contrainte force les variables drapeaux à ne jamais prendre la valeur de l'adversaire. Ainsi, celui-ci ne peut plus poser aucun coup gagnant. Si aucun autre coup n'est possible, alors le domaine de la variable de décision correspondante se vide, ce qui rend le problème vrai si cette variable est universelle, et faux si elle est existentielle.

Notons que cette technique de modélisation consistant à ne représenter qu'une seule fois le plateau de jeu au sein des variables d'état n'est pas applicable partout : elle convient à ce jeu car l'évolution de chaque case du plateau y est *monotone* : une fois qu'une case devient non-vide, elle ne peut plus changer de valeur. Cette monotonie dans l'évolution de la case se retrouve dans la monotonie de l'évolution du domaine des variables représentant les cases du plateau : ceux-ci ne peuvent qu'être réduits, et finir par prendre une valeur. Cependant, si on prend l'exemple du jeu de l'Othello, présenté plus loin dans ce chapitre, une case attribuée à un joueur peut se faire capturer et passer à l'adversaire,ce que cette technique ne permet pas de représenter.

Modélisation en QCSP⁺. La modélisation du Morpion en QCSP⁺ que nous proposons est la suivante : on construit un préfixe de QCSP⁺ composé de 9 rqsets représentant les neuf coups joués, quantifiés alternativement $\forall$ et $\exists$, et contenant eux-même dans le cas général 20 variables répertoriées dans cette liste (les autres cas, correspondant au tout début de la partie, seront explicités plus loin) :

– une variable X_i représentent le numéro de la case jouée (de 0 à 8) au coup i ;
– neuf variables $B_i[0]$ à $B_i[8]$ décrivent l'état de chaque case du plateau de jeu après le coup i : 0 pour "case vide", 1 pour "croix" et 2 pour "rond" ;
– une variable $Lined_i$ indique si trois pions sont actuellement alignés sur la grille ;
– neuf variables auxiliaires $C_i[0]$ à $C_i[8]$ serviront à mettre à jour le plateau de jeu.

Les contraintes posées varient selon le tour de jeu. Posons la constante *player* comme valant 1 dans les rqsets du joueur existentiel, et 2 dans ceux du joueur universel. Pour le tout premier tour, ces contraintes sont les suivantes :

– $B_0[X_0] = player$
– $\underset{j \in [0..8]}{\Sigma} B_0[j] = player$ (assure que les autres B_0 sont nuls)

On remarque que ce rqset n'utilise aucune autre variable : il n'est pas possible d'avoir trois pions alignés après un seul coup, et les variables auxiliaires n'ont pas été utilisées. Ces variables n'apparaissent donc pas dans le premier rqset, qui se retrouve donc avec seulement 10 variables.

Les autres rqsets contiennent ensuite les mêmes contraintes : le rôle des variables auxiliaires est de décrire la différence entre le plateau précédent et le plateau courant. Cette différence réside uniquement dans la case jouée qui, au lieu d'être nulle, se retrouve à avoir la valeur du joueur courant.

On a donc les contraintes suivantes pour représenter le déroulement du jeu :

1. $AllDifferent(X_0, \ldots, X_i)$ (assure que le joueur joue une case vide)

2. $C_i[X_i] = player$

3. $\underset{j \in [0..8]}{\Sigma} C_i[j] = player$ (assure que seul $C_i[X_i]$ est non nul)

4. $\forall j \in 0..8 B_i[j] = B_{i-1}[j] + C_i[j]$ (mise à jour du plateau de jeu)

Par exemple, supposons une affectation des variables correspondant au fait que le joueur courant pose un pion en case 6. On aura donc :

– $X_i = 6$ (variable de décision du joueur) ;
– $C_i[6] = player$ (par la contrainte 2) ;

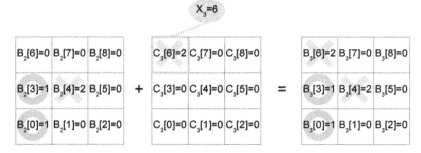

FIGURE 6.1 – Illustration de la modélisation du plateau de jeu du morpion en QCSP[+]. Ici, les contraintes posées dans le quatrième rqset sont représentées. Les variables X_0, X_1 et X_2 ont respectivement pris auparavant les valeurs 0, 4 et 3, menant à l'affectation des variables $B_2[j]$ décrite. Si la variable X_3 prend la valeur 6, alors $C_3[6]$ est contrainte à prendre la valeur 2 (le quatrième rqset correspondant à un coup du second joueur). Dès lors, l'ensemble des contraintes $B_3[j] = B_2[j] + C_3[j]$ affectent aux variables $B_3[j]$ les valeurs décrites.

- pour tout $j \neq 6$, $C_i[j] = 0$ (par l'ensemble de contraintes 3) ;
- donc, de par l'ensemble de contraintes 4, pour tout $j \neq 6$, $B_{i-1}[j] = B_i[j]$ (les cases non jouées sont inchangées) ;
- et pour la même raison, $B_i[6] = C_i[6] = player$ (la case 6 n'ayant jamais été jouée, $B_{i-1}[6]$ est nulle par le jeu des contraintes des rqsets précédents).

La figure 6.1 illustre ce mécanisme de mise à jour des variables représentant le plateau de jeu en fonction de la variable de décision.

En ce qui concerne la détection d'un gagnant, il faut encore lier chaque variable $Lined_i$ au plateau courant. On déclare la contrainte booléenne suivante :
$Lined_i \leftrightarrow$
$(B_i[0] = B_i[1] = B_i[2] \wedge B_i[2] \neq 0) \vee$ (première ligne)
$(B_i[3] = B_i[4] = B_i[5] \wedge B_i[5] \neq 0) \vee$ (deuxième ligne)
$(B_i[6] = B_i[7] = B_i[8] \wedge B_i[8] \neq 0) \vee$ (troisième ligne)
$(B_i[0] = B_i[3] = B_i[6] \wedge B_i[6] \neq 0) \vee$ (première colonne)
$(B_i[1] = B_i[4] = B_i[7] \wedge B_i[7] \neq 0) \vee$ (deuxième colonne)
$(B_i[2] = B_i[5] = B_i[8] \wedge B_i[8] \neq 0) \vee$ (troisième colonne)
$(B_i[0] = B_i[4] = B_i[8] \wedge B_i[8] \neq 0) \vee$ (diagonale montante)
$(B_i[2] = B_i[4] = B_i[6] \wedge B_i[6] \neq 0)$ (diagonale descendante)

Cette contrainte est fortement disjonctive, cependant, elle n'a pas à participer en particulier à la propagation des variables du plateau de jeu. En effet, celui-ci est propagé dès la variable X_i fixée, et le solveur n'a donc plus qu'à vérifier cette formule afin d'attribuer la bonne valeur à la variable $lined_i$.

Reste à modéliser le but du jeu. L'idée que nous utilisons est la suivante, lorsqu'un joueur aligne trois pions au tour i, on empêche son adversaire de jouer au coup suivant, le faisant perdre sur le champ. Ceci se fait en incluant simplement dans chaque rqset (sauf le tout premier) la contrainte $Lined_{i-1} = false$.

6.2.2 Comparaisons entre chacun des modèles

Par rapport à SAT, les CSP, qui ont pourtant le même pouvoir d'expression, ont l'avantage, une fois écrits, de rester compréhensible, et une solution interprétable directement, sans passer par un traducteur d'instance. Un utilisateur peut ainsi exprimer lui-même un problème à résoudre, directement dans le langage du solveur, et la solution est ainsi aussi immédiatement lisible. Le chapitre précédent évoquait le problème de représenter les restrictions qui s'appliquent à l'adversaire dans le cadre des QCSP. Dans le domaine des QBF, tout comme dans SAT, la compréhensibilité de l'instance par un humain ne se pose pas, et la mise sous forme prénèxe de la formule représentant le problème, nécessaire à son acceptation par un solveur QBF, ne pose donc pas cette difficulté.

Dans le domaine des QCSP, la modélisation Ghost-and-Shadow utilisée par Peter Nightingale pour le Morpion et généralisée en 6.2.1 présente l'avantage de produire un modèle qui reste dans une certaine mesure compréhensible : mis à part la disjonction présente dans les contraintes "shadow", les contraintes sont exprimées directement, permettant ainsi une lisibilité directe du problème. Cependant, ces contraintes disjonctives peuvent se révéler plus ardues à représenter pour des problèmes plus complexes. De plus, nous avons explicité avec le Nim Black-Jack un une autre limite de cette méthode : si l'adversaire perd la partie car il se retrouve dans l'incapacité de jouer, une adaptation est nécessaire. Par exemple, dans sa modélisation du jeu de connect-4, la victoire est signalée par une suite de variables $gamestate^1 \ldots gamestate_n$ contraintes de telle manière que, lorsqu'un tour de jeu voit un joueur gagner, la variable correspondante ainsi que toutes les suivantes prennent la valeur de ce joueur. Ainsi, la contrainte imposant au joueur existentiel de ne pas perdre (ou de gagner), s'exprime simplement $gamestate_n \neq Player - \forall$ (ou $gamestate_n = Player - \exists$ et se trouve immédiatement inconsistante lorsque le joueur universel gagne. Le modèle se trouve néanmoins alourdi de ces quelques variables et contraintes supplémentaires.

La modélisation en Strategic CSP possède un avantage indéniable de compacité. Le plateau de jeu est représenté une fois pour toutes, et pas à chaque étape comme dans les autres modélisations. cependant, ce modèle requiert une connaissance de la notion de consistance d'une valeur, étant donné que c'est cette notion qui permet de décider quelles seront les valeurs considérées dans une variable de décision. Ainsi, et comme nous l'avons remarqué dans la présentation de ce formalisme, deux ensembles de contraintes qui seraient considérés comme équivalents dans le cadre des CSP ne le sont plus forcément dans les Strategic CSP, étant donné que lors du choix de la valeur d'une variable de décision, les contraintes liant des variables de décisions postérieures ne sont pas considérées. En outre, dans le modèle du Morpion, la condition de victoire doit être modélisée par deux contraintes là ou une seule semblerait à première vue naturelle, mais qui, par effet de bord, empêcherait l'adversaire de gagner.

Le modèle en QCSP$^+$ présente l'avantage d'une lisibilité quasiment directe, mais impose de dupliquer la description du plateau de fois qu'il y a de tours de jeu, chaque rqset contenant l'état du plateau après que soit joué le coup qui lui est associé. Cependant, les contraintes liant deux descriptions de plateaux de jeu successifs restent simples et sont immédiatement propagées une fois la variable de décision choisie. Il importe néanmoins, pour la résolution de ce modèle, de préciser une heuristique de choix de variable qui donnera toujours la priorité à la variable de décision, car c'est de la valeur de celle-ci que découle toutes les propagations possibles sur les autres variables. Ce formalisme ne permet pas non plus de réaliser une propagation complète sur l'ensemble des variables, les contraintes considérées étant cantonnées à celles présentes dans le rqset courant.

Règles du jeu. Bien que les formalismes QCSP$^+$ et Strategic CSP soient différents, ils ont ceci en commun que c'est la résolution d'un problème de contraintes qui permet de connaître les coups licites pour le joueur universel. Dans le premier cas, il est nécessaire de résoudre le CSP associé au rqset courant, les solutions duquel correspondent exactement aux affectations autorisées. Dans le second formalisme, c'est la résolution du CSP formé par l'ensemble des contraintes dans lesquelles une variable $\forall$ est impliquée qui donne l'ensemble des valeurs valides pour celle-ci. Dans la technique "Ghost and Shadows", cette représentation des coups licites est bien plus restreinte, étant donné qu'elle doit être contenue dans une contrainte *shadow* et mise en disjonction avec une contrainte d'égalité. Il est cependant possible de créer un propagateur ad-hoc pour ces contraintes *Shadow* de problèmes plus complexes. Reste néanmoins pour cette modélisation l'obstacle consistant à empêcher que toutes les valeur d'une variables universelles soient considérées comme illicite.

6.2.3 QCSP$^+$: différents choix possibles

La modélisation que nous proposons plus haut met à jour le plateau de jeu dans chaque rqset, et bloque un joueur si son adversaire vient de gagner la partie au tour précédent, terminant ainsi immédiatement le jeu. Cependant, ainsi que la méthode "Ghost and Shadows" le montre, il est possible de modéliser aisément un tel jeu sans qu'à aucun moment, aucun joueur ne soit "bloqué", i.e. qu'il ait toujours un choix possible, ce qui revient à dire que quelles que soient le scénario dans lequel on se trouve, qu'il existe toujours une valeur que la contrainte *Shadow* recopiera dans la variable Ghost si le joueur universel la choisit. C'est exactement l'idée que l'on retrouve dans les QCSP$^+$ non-bloquants, présentés en 5.6

Afin d'obtenir un modèle en QCSP$^+$non-bloquant de ce problème, il est possible de repousser le test des conditions de victoire dans le goal, et ne limiter les premiers rqsets qu'au respect des règles (qui, dans le cas précis du Morpion, se limitent simplement à un $AllDifferent(\{X_i | i \in [1..9]\})$). Dans ce cas, seule la valeur du goal indiquera si le joueur existentiel gagne ou perd la partie.

Reprenons la modélisation du morpion de la section 6.2.1. Comme nous l'avons vu, ce modèle est bloquant car lorsque l'un des joueurs gagne la partie, le joueur adverse est immédiatement empêché de jouer au tour suivant, ce qui donne immédiatement une valeur de vérité au sous-problème. Pour rendre ce modèle non-bloquant, au lieu de placer dans chaque restricteur une contrainte $Lined_{i-1} = 0$, on y ajoute une variable Win_i qui représentera le gagnant à cette étape du jeu à l'instar des variables *GameState* de de la modélisation de Nightingale. Pour leur donner la bonne valeur, on ajoute à chaque rqset les contraintes suivantes :

- $(Win_{i-1} \neq 0) \rightarrow (Win_i = Win_i - 1)$
- $(Win_{i-1} = 0) \rightarrow (Win_i = Lined_i \times player)$

La suite de variables Win_i est donc nulle tant qu'aucun joueur ne gagne, puis prend la valeur du joueur qui vient d'aligner 3 pions et propage cette valeur aux variables restantes de la suite. Le fait que le premier joueur gagne le jeu se traduit donc par l'ajout dans le goal de la contrainte $Win_9 = 1$.

6.3 Ordonnancement avec adversaire

6.3.1 L'ordonnancement en CSP

Un problème d'ordonnancement consiste en un ensemble de tâches qu'il faut placer dans un emploi du temps en respectant un ordre partiel, des contraintes de disponibilités de ressources (machine ou autres), d'éloignement entre deux tâches, etc. Ces problèmes peuvent être divisés selon plusieurs grandes caractéristiques, dont les définitions suivantes sont tirées de [6] :

- on dit que l'ordonnancement est *préemptif* si une tâche, une fois lancée, peut être interrompue avant sa fin ;
- il est qualifié d'*élastique* si la consommation d'une ressource par une tâche peut varier (en influant sur le temps nécessaire à son accomplissement) ;
- si toutes les ressources ont une capacité de 1, c'est à dire si il y a une exclusion mutuelle entre deux tâches utilisant une même ressource, l'ordonnancement est dit *disjonctif*, et *cumulatif* dans le cas contraire, c'est à dire si une ressource est disponible en plusieurs exemplaires ;
- des ressources peuvent être *produites* et *consommées* par certaines tâches (par exemple, un ouvrier prépare du béton qu'un maçon utilise par la suite). D'autres ressources sont simplement *utilisées* par certaines tâches, auquel cas, ladite ressource redevient disponible à la fin de la tâche (par exemple, la construction d'un mur requiert un maçon, qui redevient disponible pour une autre tâche lorsque le mur est achevé).

Par la suite, les problèmes d'ordonnancement abordés seront des problèmes *non-préemptifs*, *non-élastiques* et *cumulatifs*. Les ressources seront considérées comme *utilisées* par les tâches.

En programmation par contraintes, un problème d'ordonnancement de n tâches est modélisé par un ensemble de variables $s_1, \ldots, s_n$ représentant la date de début de chaque tâche. La durée de chaque tâche peut être donnée à l'avance, ou faire aussi partie des variables du problème. Ces durées seront notées d_1 à d_n. La date de fin d'une tâche i est notée e_i et est égale à $s_i + e_i$. Les contraintes de précédence et d'éloignement des tâches sont de simples inégalités liant les dates de début, et éventuellement les durées des tâches : par exemple, si la tâche i doit être exécutée avant que la tâche j ne puisse démarrer, la contrainte $s_i + d_i > s_j$ sera posée. De même, certains problèmes peuvent requérir que deux tâches ne puissent pas être exécutées de manière trop éloignée dans le temps. Là aussi, une simple paire de contraintes d'inégalités sur les dates de début de ces deux tâches modélise cet état de fait.

Les ressources utilisées sont de différent types R^1 à R^p. Le nombres de ressources R_i requises pour l'exécution de la tâche j est notée r_j^i. La quantité totale de ressource R_i disponible est notée $Rmax^i$. Le fait qu'à aucun moment, la demande en ressource R^i de l'ensemble des tâches encours d'exécution n'excède la capacité maximale $Rmax^i$ est modélisé par la contrainte globale *cumulative* [23]. Cette contrainte prend en paramètre les dates de début de chaque tâche, leur durée, leur demande en ressource, et la capacité maximale de la ressource. elle devient inconsistante lorsque la capacité maximale est dépassée à un instant t. C'est à dire :

$$\forall t \geq 0, \left(\sum_{\{j \ | \ s_j \leq t \leq e_j\}} r_j^i \right) \leq rmax_i$$

Il est donc nécessaire de déclarer une de ces contraintes par type de ressource présent dans le problème.

Illustrons ceci par un exemple très simple de planification avec trois tâches, un seul type de ressources, et aucune contrainte de précédence :

Exemple 36 (Problème d'ordonnancement) *Considérons un problème de planification comportant trois tâches. Ces trois tâches ont une durée propre et occupent un certain nombre d'unité d'une ressource cumulative durant leur exécution :*
- *la première tâche dure 3 unités de temps, et occupe 1 unité de ressource ;*
- *la deuxième dure 2 unités de temps, et occupe 2 unités de ressource ;*
- *la troisième dure unité de temps, et occupe 3 unité de ressource.*

On désire trouver un plan acceptable pour compléter ces ressources sachant que la limite de temps est de 4 unités et que 5 unités de ressources sont disponibles à chaque instant.

Le CSP correspondant à ce problème est constitué des variables s_1, s_2, s_3 représentant les dates de départ de la première, deuxième et troisième tâche. Il est constitué des contraintes de temps : $S_1 + 3 \leq 4$, $S_2 + 2 \leq 4$, $S_3 + 1 \leq 4$ imposant aux tâches de se terminer avant la date limite, et de la contrainte $Cumulative([s_1, s_2, s_3], D, R, 5)$ garantissant qu'à aucun moment il n'est besoin de plus de 5 unités de ressource pour exécuter les tâches actives ; D représentant la liste des durées des tâches (en l'occurrence $[1, 2, 3]$) et R la liste des dmandes en ressource de ces mêmes tâches (ici $[3, 2, 1]$).

6.3.2 Modélisations d'adversaires

L'introduction d'un adversaire dans un problème d'ordonnancement pose deux questions : d'une part, il faut savoir quand cet adversaire agit (a-priori ou a-posteriori), et d'autre part, ce que peut faire cet adversaire.

Reprenons l'exemple d'ordonnancement 36, et considérons que, une fois le plan établi, un adversaire cherche à empêcher son bon déroulement. Pour ce faire, il peut ajouter une unité de ressource à au plus deux tâches. Il faut donc établir un plan robuste à toute attaque se situant dans les possibilités de l'adversaire. dans la figure 6.2, trois cas de figure sont décrits graphiquement. La barre horizontale d'ordonnée 5 indique la limite en ressource, la barre verticale d'abscisse 4 représente la limite de temps, et la ligne pointillée de noir indique à chaque instant la consommation maximale en ressource après une attaque de l'adversaire.
- Dans le (i), on s'aperçoit que l'ordonnancement des tâches optimal en temps n'est pas robuste à l'adversaire : si celui-ci touche les tâches 1 et 3, la limite en ressource sera dépassée ;
- le (ii) nous indique un plan "linéaire", i.e. dans lequel les tâches sont exécutées les unes après les autres, mais cependant irréalisable dnas le temps imparti ;
- enfin, le (iii) nous montre un ordonnancement réalisable, et robuste à toute action de l'adversaire.

Ce problème s'exprime aussi naturellement en QCSP$^+$: on part de la modélisation du problème de planification initial (sans adversaire) qui est, rappelons-le, l'ensemble de contraintes suivant :

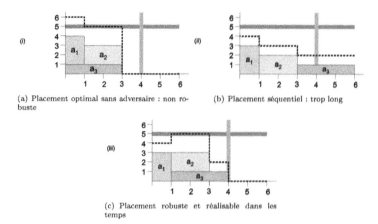

(a) Placement optimal sans adversaire : non robuste

(b) Placement séquentiel : trop long

(c) Placement robuste et réalisable dans les temps

FIGURE 6.2 – Exemple d'ordonnancement avec adversaire.

$$\{Cumulatives([S_1, S_2, S_3], D, R, 5)$$
$$s_1 + D[1] < 4$$
$$s_2 + D[2] < 4$$
$$s_3 + D[3] < 4\}$$

Dans la version avec adversaire, les besoins en ressource des tâches sont sujettes à modifications au gré de l'adversaire. Ces modifications sont représentées par des variables Mod_1, Mod_3, Mod_3 de domaine $\{0; 1\}$ représentant le fait qu'une tâche soit touchée ou non. Des variables r_i représentent les besoins en ressources des tâches après action de l'adversaire.

Le premier rqset est existentiel et contient le problème initial : qu'il ait une solution est une condition sine-qua-non pour que le problème avec adversaire soit résolu. De plus, seules les solutions du problème initial sont suceptibles de rester une solution après le passage de l'adversaire, étant donné que celui-ci ne peut en aucun cas "arranger les choses".

Le second contient l'action de l'adversaire. On y inclut les variables Mod_i et r_i. L'adversaire ne pouvant attaquer plus de 2 tâches à la fois, on pose la contrainte $Mod_1 + Mod_2 + Mod_3 \leq 2$, et les contraintes liant les nouveaux besoins en ressource à cette attaque : $r_i = R_i + Mod_i$ poour i de 1 à 3.

Enfin, le but étant que le plan reste valide après attaque de l'adversaire, on le vérifie dans le goal en y plaçant la contrainte

$$Cumulative([s_1, s_2, s_3], D, [r_1, r_2, r_3], R_{max})$$

On a donc le QCSP$^+$ suivant :
$$\exists s_1, s_2, s_3[C_1]$$
$$\forall Mod_1, Mod_2, Mod_3, r_1, r_2, r_3[C_2]$$
$$G$$
avec

$$C_1 = \{Cumulatives([s_1, s_2, s_3], D, R, R_{max}); s_1 + D[1] < 4; s_2 + D[2] < 4; s_3 + D[3] < 4\}$$
$$C_2 = \{Mod_1 + Mod_2 + Mod_3 \leq 2; r_1 = R_1 + Mod_1; r_2 = R_2 + Mod_2; r_3 = R_3 + Mod_3$$
$$G = \{Cumulative([s_1, s_2, s_3], D, [r_1, r_2, r_3], R_{max})\}$$

Cet exemple est un problème dans lequel l'adversaire agit a posteriori et où son pouvoir se limite à augmenter le besoin en ressource d'au plus deux tâches. Il s'ait en fait d'un cas particulier d'un ensemble de problèmes plus général pouvant être représenté de manière informelle ainsi :

$$\exists s[valid(s)] \; \forall a[possible(a,s)]. \; valid(s(a)) \tag{6.1}$$

où s représente l'ordonnancement, $valid(s)$ le fait que celui-c-l soit faisable a-priori, a une attaque de l'adversaire, $possible(a,s)$ le fait que cette attaque puisse s'appliquer à s dans la limite des capacités de l'adversaire, et $s(a)$ l'ordonnancement après l'attaque.

Si cette formule est vraie, l'ordonnanceur sait qu'il possède un coup robuste à toutes les attaques de son adversaire. Dans le cas contraire, l'adversaire sait qu'il est dans ses possibilités de contrecarrer tout plan que puisse proposer l'ordonnanceur.

Si l'adversaire attaque en premier, son action ne peut bien sur pas dépendre du plan proposé par l'ordonnanceur (qui, par contre, pourra proposer un plan différent pour chaque attaque possible). Le modèle de l'adversaire se réduit donc à $possible(a)$, et la formule informelle représentant ce type de problèmes est donc :

$$\forall a[possible(a)] \; \exists s[valid(s)]. \; valid(s(a)) \tag{6.2}$$

Si cette formule est fausse, alors l'adversaire dispose d'une attaque "critique" capable de détruire tout espoir de l'ordonnanceur de proposer un plan valide. Dans le cas contraire, l'adversaire n'est pas assez puissant, et l'ordonnanceur a toujours moyen de réagir en proposant un plan adapté à l'attaque de l'adversaire.

La planification de tâches avec adversaire a aussi fait l'objet d'études en QCSP standard. Notamment, Peter Nightingale consacre le chapitre 7 de sa thèse [43] à la modélisation d'un problème de job-shop dans lequel des machines sont susceptibles de tomber en panne pendent un temps donné, et ainsi temporairement retarder leur travail. Les pannes sur les machines sont associées à des probabilités, et seuls les cas ayant une probabilité supérieure à un seuil Φ donné sont considérés, les autres cas étant exclus par une adaptation de la méthode "Ghost and shadows". Cependant, il limite son modèle à ces seuls cas précis, sans indiquer de moyen de le généraliser à d'autres cas que le jobshop.

6.3.3   Expérimentations

Nous avons mené des tests de performance sur des instances d'ordonnancement avec adversaire. Pour générer les instances de problèmes nécessaires, nous sommes partis de deux ensembles classiques de problèmes d'ordonnancement multi-ressources (sans adversaire) Ces instances sont décrites dans [40] et sont disponibles au téléchargement [2]. Nous avons au préalable résolu ces instances non quantifiées afin de calculer leur date de fin optimale, et éliminer les instances non-satisfiables. Seules des instances faisables ont été utilisées pour nos tests. Ces deux ensembles d'instances possèdent respectivement 10 et 30 tâches. Le premier compte 166 instances faisables, et le second 72.

Chaque instance a été transformée en un problème avec adversaire de type $\forall attaque \exists plan$ avec trois paramètres :

– le pourcentage de tâches touchées par l'adversaire ;
– le pourcentage d'augmentation de la demande en ressources des tâches touchées ;
– le pourcentage de temps supplémentaire accordé par rapport à l'optimum sans adversaire.

Pour chaque instance initiale, 30 problèmes avec adversaires ont été générés, avec le pourcentage de tâches touchées par l'adversaire variant entre 10 et 90%, et une augmentation de la demande en ressource de 20%, 40% et 60%. Le temps supplémentaire alloué est de 20%.

Ces tests ont été réalisé sur des machines équipés de deux quad-opteron et 16 Go de RAM, avec un timeout de 1000 secondes. QeCode n'étant pas multithreadé, nous avons lancé 8 instances en même temps par machine. Les figures 6.3 et 6.4 montrent les résultats de ces tests.

Dans le lot d'instances à 10 tâches, on remarque l'apparition d'un motif facile-difficile-facile, en fonction du paramètre α (qui contribue à déterminer la puissance de l'adversaire). Lorsque l'adversaire est faible, une solution reste rapidement trouvable dans le temps imparti (le plan optimum sans adversaire, ou une petite variation de celui-ci, convient toujours, et est rapidement trouvé). Symétriquement, lorsque l'adversaire est puissant, n'importe quelle attaque a toute les

---

2. Sous les noms test-set J10 et test-set J30 sur `http://www.wiwi.tu-clausthal.de/`
`en/abteilungen/produktion/forschung/schwerpunkte/project-generator/rcpspmax/`

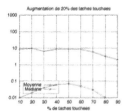
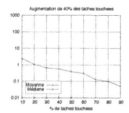
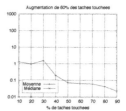

FIGURE 6.3 – Temps de calculs moyens et médians sur des problèmes d'ordonnancement avec adversaire à 10 variables. L'abscisse représente le pourcentage de tâches touchées par l'adversaire et l'ordonnée le temps de calcul en secondes.

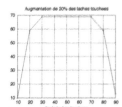
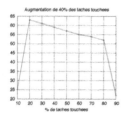
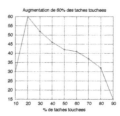

FIGURE 6.4 – Nombres d'instances de problèmes à 30 variables non-résolues en moins de 1000 secondes. L'abscisse représente le pourcentage de tâches touchées par l'adversaire. Le nombre total d'instances pour chaque valeur de l'abscisse est de 72.

chances d'empêcher la réalisation du plan et ainsi, la première attaque essayée a plus de chances d'empêcher un ordonnancement de se réaliser, mettant ainsi fin à la résolution du problème.

Le lot d'instances à 30 variables s'est par contre avéré difficile à résoudre, et la plupart des instances n'ont pu être résolues en moins de 1000 secondes, temps d'exécution limite accordé à la résolution d'une instance pour ces tests. La figure 6.4 représente donc le nombre d'instances qui n'aboutissent pas, plutôt qu'un temps moyen d'exécution qui révélerait, dans ce cas, moins d'informations. Plusieurs explications sont possibles : tout d'abord, l'implémentation de la contrainte Cumulative utilisée est en fait un cas particulier de la contrainte *Cumulatives* présentée dans [7] par Nicolas Beldiceanu et Mats Carlsson. Cette contrainte est plus générale que *Cumulative*, mais son propagateur est cependant moins performant que l'état de l'art sur ce cas précis. De plus, nous avons utilisé l'heuristique fail-first pour résoudre les rqsets, heuristique qui, si elle fonctionne bien dans le cas général, n'est cependant pas la plus adaptée pour résoudre des problèmes d'ordonnancement en contraintes, des heuristiques dédiées obtenant de meilleures performances. Enfin, le problème en lui-même est intrinsèquement plus complexe lorsqu'on ajoute un adversaire, et il ne s'agit, comme pour les problèmes d'ordonnancement standard, de repousser une explosion combinatoire le plus loin possible.

6.4 Puissance-4

Le jeu du *Puissance 4* possède des règles similaires à celui du morpion, présenté en 6.2, à l'exception de deux aspects :
- La grille étant posée verticalement, les jetons "tombent" les un sur les autres, et chaque joueur ne peut donc décider que de la colonne sur laquelle il va jouer, le pion se plaçant directement sur la case vide la plus basse ;
- la grille originale possède des dimensions de 7 par 6, et il s'agit d'aligner quatre pions.

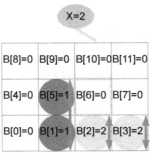

FIGURE 6.5 – Illustration de la grille de jeu de Puissance 4 au 5eme coup. Les variables B jouent le même rôle que dans la modélisation du morpion. Les variables H représentent la hauteur de chaque colonne. La case qui sera jouée est alors calculée en fonction de X, ici par la formule : $4.H[X] + X$ (4 étant le nombre de colonnes de la grille de jeu dans cet exemple). Le processus de mise à jour des différentes variables d'une grille de jeu à l'autre suit un processus similaire à celui du jeu du morpion, mais n'est pas explicitement représenté ici.

En outre, en lieu et place de "croix" et "ronds", les jetons que placent les joueurs sont qualifiés de "jaune" et "rouge". Il s'agit donc d'un jeu ayant un nombre de coups plus grand que le morpion, chaque coup ayant toutefois un degré de choix plus réduit, une seule position par colonne étant possible.

Dans sa forme originale, ce problème a été résolu par des techniques ad-hoc dans [1]. Néanmoins, ce jeu possède l'intérêt d'avoir servi d'expérimentation pour d'autres solveurs de contraintes quantifiées.

6.4.1   Modélisation

La modélisation en QCSP$^+$ que nous en proposons reprend la structure générale de celle du morpion décrite en 6.2.1 : on déclare autant de rqsets dans le préfixe qu'il y a de tours de jeu (i.e. 42 dans le Puissance-4 original). Dans chacun de ces rqsets, on retrouve les variables suivantes (leurs nombres et domaines sont donnés pour le jeu original) :
  – une variable X_i représentent le numéro de la colonne jouée (de 0 à 6) au coup i ;
  – quarante-deux variables $B_i[0]$ à $B_i[41]$ décrivent l'état de chaque case du plateau de jeu après le coup i : 0 pour "case vide", 1 pour "pion jaune" et 2 pour "pion rouge" ;
  – une variable $Lined_i$ indique si quatre pions sont actuellement alignés sur la grille. Un ensembles de variables $LinedV_i$, $LinedH_i$, $LinedD1_i$ et $LinedD2_i$ représentent le fait que quatre pions soient alignés horizontalement, verticalement, en diagonale montante ou en diagonale descendante ;
  – quarante deux variables auxiliaires C_i^0 à C_i^{41} servent à mettre à jour le plateau de jeu de la même manière que dans le morpion ;
  – sept variables $h_i[0]$ à $h_i[7]$ représentent la hauteur actuelle de chaque colonne. Sept autres variables $Ch_i[0]$ à $Ch_i[7]$ servent à mettre à jour la hauteur de la colonne jouée. La figure 6.5 illustre l'utilisation des variables X_i, B_i et H_i sur une grille de 4 par 3.

Étant donné ces variables, il est tout d'abord nécessaire de poser les contraintes donnant les bonnes valeurs aux hauteurs courantes des colonnes. On a donc :
  – $Ch_i[X_i] = 1$
  – $\sum_{j \in [0..6]} (Hc_i) = 1$ (assure que seul $Ch_i[X_i]$ est non nul)
  – $h_{i-1}[j] + Ch_i[j] = h_i[j]$ pour j de 0 à 6.

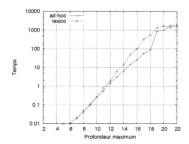

FIGURE 6.6 – Temps de résolution du jeu du Puissance-4 sur une grille de 5 par 5. Une stratégie gagnante pour l'adversaire est extraite à partir de la profondeur 21, et le temps de calcul n'augmente plus dès lors.

La mise à jour des valeurs des cases de la grille de jeu se fait alors de manière analogue au morpion :
- $C_i[X_i + Ch_i[X_i]] = player$
- $\sum\limits_{j \in [0..41]} C_i[j] = player$ (assure que seul $C_i[X_i]$ est non nul)
- $\forall j \in 0..8 B_i[j] = B_{i-1}[j] + C_i[j]$ (mise à jour du plateau de jeu)

La détection d'un gagnant est encore une fois similaire au jeu du morpion : les variables $LinedH_i$, $LinedV_i$, $LinedD1_i$, $LinedD2_i$ sont liées aux variables B_i par des contraintes booléennes disjonctives qui leurs affectent la bonne valeur, et la variable $Lined_i$ est ensuite contrainte comme étant égale à la disjonction de ces variables.

6.4.2 Expérimentations

Nous avons tenté de résoudre ce modèle avec QeCode, ainsi qu'une version réduite, dans laquelle la grille n'est que de taille 5 par 5. Dans cette résolution, nous avons orienté la recherche dans chacun des rqsets de façon à ce que le variable X_i soit la première énumérée, et que la valeur choisie maximise un score donné en fonction de l'état de la grille de jeu, selon l'ordre de priorité suivant : aligner 4 pions ; empêcher l'adversaire d'aligner 4 pions ; aligner 3 pions ; empêcher l'adversaire d'aligner 3 pions ; etc. Les alignements où des pions des deux couleurs sont déjà présents ne sont pas considérés. Cette heuristique correspond généralement à un niveau d'adversaire moyen-faible dans les implémentations du jeu sous forme de logiciel où un joueur humain peut jouer contre l'ordinateur.

Nous avons résolu le problème, avec ce modèle et cette heuristique, en imposant simplement au joueur existentiel de ne pas perdre, à différents niveaux de profondeur n (pour un n donné, la question était donc *"Est-il possible de ne pas perdre en n tours de jeu ?"*. Arrivé à une profondeur de 22, le solveur répond que le problème est insoluble, certifiant ainsi que l'adversaire a une stratégie gagnante en une profondeur d'au plus 22. La recherche à des profondeurs supérieures donne donc le même résultat, en parcourant exactement le même arbre de recherche. Les temps de calcul par profondeur de recherche sont donnés dans la figure 6.6. Notons que ce sont des valeurs temps-réel (et non pas en temps d'exécution exact du processus).

QeCode parvient à résoudre le Puissance-4 sur une grille de 5 par 5 en moins d'une demi-heure sur une machine équipée d'un processeur core 2 quad cadencé à 2.8 GHz et de 4 Go de RAM. QeCode n'utilise là aussi qu'un coeur, et sa consommation en mémoire n'a pas excédé 500 Mo. Notons de plus que QeCode construit la stratégie gagnante potentielle au fur et à mesure de la résolution. Ainsi, la consommation en mémoire est due en grande partie à l'extraction des sous-stratégies gagnantes pendant la résolution.

Dans sa thèse de doctorat, Peter Nightingale propose un modèle de cette même restriction du Puissance-4 en QCSP et parvient à le résoudre en une heure et quarante-cinq minutes sur une machine équipée d'un Pentium-4 cadencé à 3,06 GHz et doté de 1 Go de RAM. Il utilise une

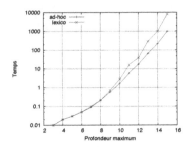

FIGURE 6.7 – Temps de résolution du jeu du Puissance-4 sur une grille de 6 par 7 avec un choix de valeur dans l'ordre et ad-hoc. Des stratégies non-perdantes sont extraites pour chacune des profondeurs données.

heuristique de recherche différente, consistant à maximiser le nombre d'alignement de 3 pions. Il ne donne cependant pas plus de détails sur cette heuristique, et notamment son comportement lorsqu'aucun alignement de trois pions n'est possible. La différence de performances entre les deux machines utilisées est difficile à évaluer. Cependant, ces tests montrent que sur ce problème, les deux modélisations sont résolues dans un même ordre de magnitude de temps d'exécution.

La résolution du jeu sur une grille de 6 par 7 reste encore hors de portée des approches en QCSP à l'heure actuelle. Nous avons tenté de résoudre ce problème, mais QeCode n'arrive à résoudre le problème en temps raisonnable (inférieur à 1000 secondes) que jusqu'à la profondeur 15 avec l'heuristique présentée ci-dessus. Les temps de calculs sont représentés en figure 6.7

Ces temps de résolution sont à mettre en parallèle avec les résultats expérimentaux de l'heuristique de choix de valeur "Goal Driven" que Guillaume Verger propose dans [57] et [55] : il expérimente cette heuristique dans un solveur programmé pour l'occasion à partir du solveur de CSP Choco ([31]). Il montre que, sur une profondeur de 13, il obtient une accélération d'un facteur 10, là où on n'obtient qu'un facteur inférieur à 5 avec l'heuristique présentée plus haut, et dédiée au problème. L'heuristique de Verger présente en outre l'avantage de n'être pas liée à un problème en particulier, mais de s'appliquer sur tout QCSP$^+$. Notons cependant que les problèmes étudiés ne sont pas identiques (la question posée dans le problème résolu par Verger étant : "Est-il possible de *gagner* en moins de n coups ?").

6.5 Othello : limites des QCSP$^+$

6.5.1 Jeu de l'Othello

Le jeu de l'Othello consiste en un plateau de 8 par 8 cases et de 64 pions bicolores (une face noire et une face blanche). En début de partie, quatre pions sont posés sur les quatre cases centrales, alternativement face blanche visible et face noire visible (voir figure 6.8). Tout à tour, chaque joueur (l'un jouant "les blancs" et l'autre "les noirs") pose un pion, sa propre couleur visible, sur le plateau de manière à encadrer un ou plusieurs pions de son adversaire entre le pion qu'il pose et un autre pion de sa couleur déjà présent. Les pions adverses ainsi encadrés sont *capturés* : ils sont retournés, et appartiennent ainsi désormais au joueur. La figure 6.9 montre une telle capture par le premier joueur.

Dans le jeu original, si un joueur ne peut pas jouer, il passe son tour, son adversaire jouant alors deux fois.

Le but du jeu est de terminer la partie en ayant plus de pions que son adversaire. Une partie se termine lorsque le plateau est rempli (ce qui arrive au bout de exactement 60 tours de jeu, chaque tour ajoutant un pion sur le plateau, et tout pion posé ne pouvant être retiré, juste éventuellement retourné lors d'une capture), ou qu'aucun joueur ne peut plus capturer de pion de son adversaire.

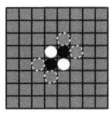

FIGURE 6.8 – Othello : plateau de jeu initial. Les cases indiqué par des cercles pointillés sont les cases jouables par les blancs.

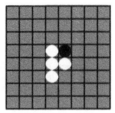

FIGURE 6.9 – Othello : plateau après un coup des blancs : le pion noir inférieur gauche s'est fait capturer.

Du point de vue de la théorie de la complexité, ce problème, généralisé sur une grille arbitrairement grande et possédant une configuration de départ libre est un problème **PSPACE-complet** [39].

6.5.2 Modélisation

Principe. La modélisation du jeu de l'Othello en QCSP⁺ présente une difficulté majeure : la règle indique (1) qu'un joueur qui ne peut pas jouer passe son tour, et (2) que la partie se termine si les deux joueurs sont bloqués, le vainqueur étant alors celui qui a le plus de pions de sa couleur sur le plateau. Le premier point implique que le nombre de rqsets qu'il est nécessaire de placer dans le préfixe doit être strictement supérieur à 60 : il faut aussi prévoir les cas où un joueur va passer son tour. Le nombre d'alternances reste cependant borné : étant donné que la parie se termine si les deux joueurs sont bloqués l'un à la suite de l'autre, il y aura au plus 30 blocages possibles au cours de la partie. Il suffit donc d'ajouter autant de rqsets à la suite dans le préfixe.

Si on s'inspire de la modélisation du Puissance 4, on peut essayer de modéliser le jeu avec, dans chaque rqset i, une variable de décision X_i qui indiquera la case jouée au tour i, et un ensemble de variables B_i représentent le plateau de jeu après ce coup. L'ensemble de contraintes à déclarer pour lier les variables représentant le plateau de jeu précédent B_{i-1}, la variable de décision X_i et les variables représentant le plateau de jeu actuel B_i n'est cependant pas aussi simple que pour le Puissance 4. Le fait que le joueur passe son tour peut être modélisé par une valeur spéciale pour X_i (prenons par exemple -1), valeur entraînant que le plateau de jeu reste inchangé. Il est cependant alors nécessaire de contraindre X_i de sorte que cette valeur soit invalide *si, et seulement si* une autre valeur de son domaine est valide.

A partir d'un tel modèle, le point (2) ne permet pas d'utiliser le fait de terminer la partie en bloquant le perdant, étant donné que celui-ci peut être l'un ou l'autre des joueurs, en fonction de la configuration du plateau de jeu. Cependant, étant donné les contraintes présentes dans les rqsets, en cas de blocage des deux adversaires, tous les rqsets suivant voient leur variable X contrainte à prendre la valeur indiquant "passe son tour". Ainsi, il est possible de poser dans le goal la contrainte forçant le nombre de pions du joueur existentiel à être en nombre supérieur à ceux du joueur universel.

Réalisation et difficultés. L'implémentation de la modélisation en QCSP$^+$ de l'Othello dans QeCode a fait l'objet d'un stage de fin de cycle de Licence, réalisé par Damien Bigot. Partant des variables énumérées au paragraphe précédent (variable de décision X_i, et ensemble s de variables B_i servant à la description du plateau), les contraintes doivent représenter le passage du plateau de jeu précédent B_{i-1} au plateau de jeu actuel B_i en fonction de la valeur de la variable X_i. Il faut par ailleurs que les valeurs de X_i ne correspondant pas à des coups valides soient éliminées dans le i-ème rqset.

Cependant, savoir si un coup est valide n'est pas aisément exprimable sous forme conjonctive. En effet, un coup n'est valide que si il y a une capture possible dans le sens horizontal *ou* vertical *ou* diagonal descendant *ou* diagonale montant. De même, l'état d'une case appartenant initialement à l'adversaire après une action du joueur n'est pas aisée à modéliser : supposons que le joueur blanc joue :

- une case vide le reste sauf si elle a été jouée, auquel cas, elle devient blanche ;
- une case blanche le reste ;
- une case noire devient blanche si elle a été capturée, c'est à dire si elle s'est fait capturer horizontalement ou verticalement ou en diagonale.

Les deux premiers points sont aisés à modéliser, cependant le troisième est lui aussi fortement disjonctif, et ne se modélise donc pas naturellement par une conjonction de contraintes.

Ce problème a été contourné par la réalisation d'un propagateur ad-hoc qui, étant donné l'ensemble des variables B_{i-1} représentant l'état du plateau de jeu précédent, la variable de décision X_i et l'ensemble des variables B_i représentant le plateau de jeu après coup, affecte une valeur à ces dernières dès que les autres sont connues. De plus, si X_i n'est pas affectée, ce propagateur réduit son domaine aux seules valeurs jouables.

Cette modélisation présente cependant l'inconvénient majeur de sortir du cadre "philosophique" de la programmation par contraintes. En effet, le propagateur réalisé n'a d'utilisation que dans la modélisation de ce problème particulier, ce qui réduit fortement l'intérêt de la programmation par contraintes face à des algorithmes dédiés à la résolution de ce jeu particulier.

6.6 Conclusion

Les différents modèles présentés dans ce chapitre montrent l'étendue des possibilités, ainsi que les limites de la modélisation de problèmes réels en QCSP$^+$. Le problème du Puissance-4 trouve ainsi une modélisation en QCSP$^+$ plus explicite que celles qui existaient auparavant en QCSP standard et en Strategic CSP. Les problèmes d'ordonnancement cumulatifs avec adversaire présentés n'avaient quant à eux jamais été modélisés dans ces formalismes. Le problème de l'Othello montre quant à lui que, malgré une complexité compatible avec une modélisation en QCSP$^+$ (le problème de l'Othello résidant dans PSPACE), il existe des problèmes dont la modélisation reste ardue dans ce formalisme.

Selon nos expérimentations, les problèmes résolus par QeCode le sont avec des performances similaires à celles des solveurs de QCSP standard, quand une telle modélisation existe. QeCode permet en outre de résoudre des problèmes d'ordonnancement avec adversaire de taille raisonnable.

Chapitre 7

Optimisation de contraintes quantifiées

7.1 Motivations

7.1.1 Classement de solutions

La programmation par contraintes permet à la base de modéliser et résoudre des problèmes de décision. Cependant, le fait de pouvoir aisément extraire plusieurs solutions à un même problème a conduit à considérer un ordre de préférence sur ces solutions. Ainsi, en définissant formellement un tel ordre de préférence sur les éventuelles solutions, on créé un problème d'optimisation, dont la question n'est pas uniquement de savoir si une solution existe, mais de trouver la *meilleure* solution parmi toutes celles existantes, par rapport à l'ordre défini. Dans le cas général, une fonction de score donnant à chaque affectation des variables une valeur dans $\mathcal{R}$ est établie, et l'ordre de préférence sur ces solutions est alors défini comme l'ordre usuel de leur score sur $\mathcal{R}$.

Explicitation du score Dans la pratique, une telle fonction de score peut être définie de plusieurs manières. Une première méthode consiste à sélectionner une variable X parmi $var(C)$ et de tenter de minimiser la valeur qu'elle prend dans une solution comme étant le score de ladite solution. Cette variable est en général spécifique à cette utilisation et est spécialement contrainte en conséquence. La solution recherchée doit donc affecter à X une valeur inférieure ou égale à toutes les autres solutions possibles. Divers algorithmes ont été développés pour trouver une telle solution. Une première consiste à effectuer une recherche dichotomique de la solution optimale donnant à X la valeur o : comme l'on sait, par définition, qu'aucune solution n'existe avec $X < o$, si on tente de résoudre le problème auquel on ajoute une contrainte $X < a$ pour une valeur de X choisie, on échoue si et seulement si $o > a$. Ainsi, il est possible de trouver une solution optimale en au plus $log(|D_v|)$ recherches.

La technique du *branch-and-bound* permet de ne pas recommencer la recherche à partir de zéro à chaque fois : dans une recherche par énumération, il s'agit, après avoir trouvé une première solution affectant une valeur a à X, de poursuivre la recherche en ajoutant la contrainte $X < a$. Le propagateur associé à cette contrainte participera par la suite à l'effort de réduction des domaines. La recherche est poursuivie jusqu'à épuisement des solutions trouvées, et la dernière solution trouvée est optimale.

CSP valués Le formalisme des CSP valués [52] étend les CSP classiques en attribuant un poids à chaque contrainte du problème. Ce poids peut être fixe, ou dépendre de l'affectation des variables la composant (auquel cas elle prend un sens de fonction de coût). Un opérateur permettant d'agréger tous les coûts des contraintes violées (e.g. Somme, Max, etc.) est aussi introduit, et son résultat donne le score de la solution. Dans certains cas (dépendant de l'opérateur choisi), il est possible d'adapter la technique du Branch-and-Bound à ce formalisme.

De manière analogue aux CSP, les solutions d'un QCSP peuvent faire l'objet d'une évaluation de manière à ce qu'un solveur puisse fournir la meilleure de ces stratégies, ou plus simplement son score s'il ne peut pas extraire la stratégie entière. Par exemple, on peut se demander, lorsqu'on considère un jeu comme le Puissance-4, quelle est la stratégie qui gagne le plus rapidement possible. Dans le problème d'ordonnancement avec adversaire, il est aussi intéressant de savoir quel est l'ordonnancement robuste à l'adversaire qui prenne le minimum de temps.

Ces problèmes d'optimisation de contraintes quantifiées ne font l'objet que de recherches récentes. Peter Nightingale définit dans [44] une méthode d'optimisation de QCSP dans laquelle chaque stratégie gagnante a pour score le maximum des valeurs prises par une variable v dans tous les scénarios de la stratégie. Il minimise ce score en utilisant une méthode de redémarrage de la recherche : pour chaque solution découverte, il calcule son score, c'est à dire la plus grande valeur v_1 que peut prendre v dans cette stratégie, et il relance la résolution du problème en ajoutant au goal la contrainte $v < v_1$, et ce jusqu'à ce que le problème devienne inconsistant.

Hubie Chen et Martin Pál définissent dans [27] une version d'optimisation des QCSP booléens en attribuant un poids à chacune des variables. Ils définissent le coût d'un scénario comme la somme des poids des variables auxquelles la valeur *vrai* a été affectée, et le coût d'une stratégie comme le maximum des coûts de tous ses scénarios. Le but étant de trouver une stratégie dont le coût est minimal.

Dans le cadre voisin des CSP stochastiques, [58] définit aussi deux versions d'optimisation du problème. La première consiste à rechercher la politique ayant la plus grande probabilité de satisfaire toutes les contraintes, et non pas simplement une politique dépassant un certain seuil de probabilité.

7.1.2 Problèmes multi-niveaux

Les QCSP$^+$ s'adaptent parfaitement à la représentation de deux agents dont les objectifs sont strictement opposés : dans le chapitre 6, les problèmes abordés étaient tous vus sous cet angle, y compris les problèmes avec incertitude où, par application du principe de précaution, on cherche à considérer le pire des cas. Cependant, certains problèmes proches sont toujours hors de portée d'une modélisation "simple" en QCSP$^+$, notamment pour ces raisons :

- Dans le cas des problèmes où on représente une incertitude par les variables universelles, le pire cas possible a toujours un rôle primordial (étant donné qu'il suffit à lui seul à invalider une stratégie), alors que l'on pourrait s'intéresser à une solution, certes non-complète, mais suffisamment "satisfaisante" d'un point de vue probabiliste pour qu'elle puisse être mise en oeuvre.
- Cette vue binaire implique aussi qu'il est impossible de représenter complètement des situations où un cas d'égalité se pose : l'un des joueurs doit gagner, et l'autre perdre. Dans les jeux que nous avons modélisé jusqu'ici, les cas d'égalité sont considéré, selon ce qui est déclaré dans le goal, comme un cas de victoire soit du joueur existentiel, soit de son adversaire. Dans le premier cas, toute stratégie où le joueur ne perd jamais est valide, alors qu'il serait intéressant de pouvoir extraire une stratégie qui par exemple gagne dans le plus de cas possibles, et fait égalité dans tous les autres.

Ce problème des jeux avec égalité possible découle d'un fait simple : les objectifs des deux adversaires ne sont en fait pas exactement opposé. Par exemple, dans le jeu du puissance-4, le but de chaque joueur est "Aligner quatre pions avant que l'autre n'y parvienne". Or, la situation opposée à "Alice aligne quatre pions avant Bob" n'est pas "Bob aligne quatre pions avant Alice" mais "Bob empêche Alice d'aligner quatre pions avant lui". Si cet opposé à la situation gagnante pour Alice est trivialement inclus dans la situation gagnante pour Bob, elle n'en est toutefois pas l'identique : la différence constitue exactement les situations d'égalité.

Plus généralement, qu'en est-il des situations où deux agents sont impliqués, mais où leurs objectifs ne sont pas complètement opposés (sans être forcément totalement orthogonaux non plus) ?

En recherche opérationnelle, d'autres formalismes permettant de répondre en partie à ces questions sont utilisés :

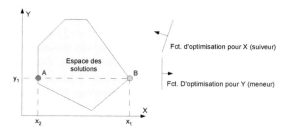

FIGURE 7.1 – Optimum pour le meneur seul (point B), et réponse du suiveur (point A)

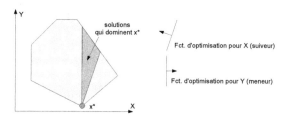

FIGURE 7.2 – Équilibre optimal (point x*)

Programmation bi-niveaux La programmation bi-niveaux est une extension de la programmation linéaire permettant de représenter deux fonctions objectifs de manière hiérarchique : le principe d'un problème bi-niveaux est de représenter deux agents, le *meneur* et le *suiveur*, ayant chacun leur propre objectif. Le meneur agit avant le suiveur, cependant, l'action de ce dernier peut avoir une influence sur l'objectif du meneur, que celui-ci doit prendre en compte lors de sa décision. Un tel problème est donc un problème d'optimisation dont un des paramètre est lui-même un problème d'optimisation. Ce formalisme est apparu pour la première fois dans les années 1970 ([21]) et est par exemple utilisé pour résoudre des problèmes de décision sous forme de jeux de Stackelberg ([53]).

Ces problèmes sont modélisés en étendant les programmes linaires classiques de la manière suivante : les variables du problème sont scindées en deux parties : celles du meneur et et celles du suiveur. La fonction d'optimisation est remplacée par un couple de fonctions (meneur et suiveur également). L'objectif est de fixer les variables du meneur de façon à optimiser sa fonction objectif sachant que le suiveur va réagir par la suite en fixant ses variables de manière à optimiser sa propre fonction objectif.

La figure 7.1 représente graphiquement un programme linéaire bi-niveaux à deux variables dans lequel le meneur agit sur la variable Y représentée en ordonnée, tandis que le suiveur agit en tour sur X, représentée en abscisse. Le point B indique la solution optimale pour la fonction d'optimisation du meneur s'il s'agissait d'un programme linéaire simple. Cependant, on constate que si le meneur choisit d'affecter Y à sa valeur prise dans cette solution, l'affectation de X que donnera le suiveur en voulant maximiser sa propre fonction objectif aboutira à une solution peu intéressante pour le meneur (représentée par le point A). La figure 7.2 indique le point d'équilibre entre le meneur et le suiveur. Si le meneur dévie de cette affectation de X, la décision du suiveur aboutira à une solution sous-optimale pour le meneur. On constate par ailleurs dans cette figure qu'il existe des solutions dominant ce point d'équilibre selon les deux fonctions objectif en même temps. Cependant, en l'absence d'entente entre les deux agents, ces solutions sont inatteignables.

Problèmes multi-niveaux Les problèmes multi-niveaux étendent la notion de problèmes bi-niveaux à plus de deux agents : ces agents agissent chacun leur tour selon un ordre prédéfini, chacun cherchant au final à optimiser sa propre fonction objectif.

Par exemple, prenons une situation dans laquelle un éleveur de saumons et une usine chimique sont situés sur une même rivière, l'usine étant en amont. L'éleveur peut produire deux races de saumon, chacune ayant ses propres coûts d'élevage et ses retombées environnementales sur la rivière, tandis que l'usine produit deux types de produits chimiques, chacune de ces productions ayant aussi un impact écologique sur le cours d'eau, impact qui aura une incidence directe sur la bonne santé du cheptel de l'éleveur, et donc sur sa production. Il est permis à la collectivité territoriale de lever des taxes sur le prix de vente des saumons et des produits chimiques, son objectif étant un compromis entre la bonne santé des deux entreprises et le taux de pollution à l'embouchure de la rivière, donné par un critère f.

Ce problème contient trois décideurs : la collectivité territoriale qui fixe les taxes, l'usine de produits chimiques qui décide de sa production, et l'éleveur, à qui le contrôle de sa production appartient aussi. Les décisions sont prises dans cet ordre : tout d'abord, la collectivité fixe les taxes qu'elle juge utile pour optimiser f. Ensuite, l'usine adaptera sa production en fonction, cherchant à maximiser son bénéfice financier. Enfin, l'éleveur, en fonction de la pollution engendrée par l'usine et des taxes fixées par l'état, cherchera lui aussi à tirer le plus grand bénéfice possible. Ainsi donc, l'action de l'éleveur dépendra des décisions des deux autres protagonistes, et celle de l'usine ne dépendra que de la décision de la collectivité. En contrepartie, la fonction objectif de la collectivité dépend des décisions du producteur et de l'usine.

Les problèmes d'optimisation bi-niveaux font l'objet de recherches depuis plusieurs années, et sont depuis récemment utilisés dans l'industrie.Benoît Colson, Patrice Marcotte et Gilles Savard proposent dans [28] une étude récente des techniques de résolution de problèmes bi-niveaux, ainsi qu'une série de modélisations de problèmes dans ce formalisme.

Les QCSP$^+$, détaillés dans les chapitres précédents, permettent de modéliser des problèmes à deux agents. Leur pouvoir expressif est cependant encore trop limité pour exprimer naturellement des problèmes bi-niveaux :
- d'une part, ils ne permettent pas en l'état de définir un ordre de préférence sur les solutions, nécessaire à toute forme d'optimisation ;
- d'autre part, comme nous l'avons vu plus haut, les objectifs des deux agents sont forcément strictement opposés là où, en programmation bi-niveaux, les objectifs des agents peuvent être totalement indépendants.

Le cadre des QCOP$^+$ apporte ces deux éléments manquants aux QCSP$^+$. Le principe est, à chaque étape de la résolution, de sélectionner une sous-stratégie optimale selon un critère donné, ce critère étant propre à la profondeur de la sous-stratégie (et donc au rqset corespondant). Pour ce faire, on définit des objets appelés *variables d'optimisation* que l'on cherchera à minimiser. Ces variables d'optimisations peuvent être soit une variable existentielle du problème, soit le résultat d'un agrégat sur d'autres variables d'optimisations. Ces agrégats sont calculés aux niveaux universels $(\forall, W_i, C_i)$: en effet, à ces niveaux, et pour une instanciation donnée des variables précédentes, la sous-stratégie correspondante consiste en réalité en un ensemble de sous-stratégies (une par solution deC_i), et un agrégat permet de calculer un score global à partir de scores calculés pour chacune de ces sous-stratégies.

7.2 Formalisme

D'un point de vue formel, un QCOP$^+$ est un QCSP$^+$ auquel on peut ajouter des *agrégats* sur les rqsets universels et des *fonctions de préférence* sur les rqsets existentiels. Ces agrégats et ces fonctions de préférence extraient une valeur des sous-stratégies sur lesquelles ils agissent, soit en utilisant une valeur d'une variable existentielle, soit en utilisant le résultat d'une fonction d'agrégat calculée sur une sous-stratégie plus profonde. Pour une stratégie donnée, la valeur extraite doit être unique. Ainsi, il est impossible de choisir une valeur d'une variable au delà du premier noeud universel rencontré, étant donné qu'alors, pour une même variable, la stratégie contient plusieurs branches lui attribuant des valeurs potentiellement différentes. On appelle une telle valeur une *valeur d'optimisation*, et la variable existentielle qui la contient ou l'agrégat qui la calcule une *variable d'optimisation*

Au niveau des rqsets universels, un agrégat est calculé à partir de la valeur d'une variable d'optimisation calculée sur chaque sous-stratégie. Regroupées, ces valeurs forment un multi-ensemble sur lequel on calcule une valeur unique grâce à une *fonction d'agrégat* :

Définition 37 (fonction d'agrégat) *On appelle* fonction d'agrégat f *une fonction d'un multi-ensemble d'entiers dans $\mathbb{R}$.*

Parmi les fonctions d'agrégats possibles, on retrouve *somme, produit, moyenne, ecart-type, cardinalité*, mais aussi des fonctions renvoyant un élément du multi-ensemble, comme *min, max, median,* etc.

Reste à définir l'agrégat en lui-même. On se donne un ensemble $\mathbb{A}$ de noms d'agrégats :

Définition 38 (agrégat) *Un* agrégat *est un triplet (a, f, o) où a est un nom d'agrégat, f une fonction d'agrégat et o une variable d'optimisation. On note aussi $a : f(o)$ un tel agrégat.*

Enfin, il faut inclure ces agrégats dans le problème. Pour ce faire, on étend la notion de rqset universel en y ajoutant une liste d'agrégats :

Définition 39 (orqset universel) *Un* orqset universel, *ou $\forall$-orqset est un quadruplet $(\forall, W, C, A)$ où $(\forall, W, C)$ est un rqset et A un ensemble d'agrégats.*

Les rqsets existentiels, quant à eux, sont augmentés d'un critère d'optimisation. Un tel critère indique une valeur d'optimisation à considérer, ainsi que le sens dans lequel on l'optimise (minimise ou maximise). Ce critère peut aussi bien indiquer qu'aucune optimisation n'est désirée à ce niveau.

Définition 40 (critère d'optimisation) *On appelle* critère d'optimisation *un objet de type $Min(X)$, $Max(X)$ ou any, X étant une valeur d'optimisation.*

Chaque rqset existentiel est augmenté d'un de ces critères d'optimisation :

Définition 41 (orqset existentiel) *Un* orqset existentiel, *ou $\exists$-orqset est un quadruplet $(\exists, W, C, o)$ où $\exists, W, C)$ est un rqset existentiel, et o un critère d'optimisation.*

Une fois ces définitions posées, il convient de définir précisément ce qui peut être considéré comme une variable d'optimisation :

Définition 42 (variable d'optimisation) *Soit Q un $QCSP^+$.*
– *toute variable existentielle de Q est une variable d'optimisation ;*
– *si o est une variable d'optimisation, et qu'il existe un agrégat $a : f(o)$, alors a est une variable d'optimisation.*

Chaque variable d'optimisation o est définie à une profondeur donnée, qui correspond à la position du quantificateur auquel elle est associée. Elle peut alors être utilisée par un critère d'optimisation ou un agrégat si aucun quantificateur universel ne se trouve entre o et l'objet où elle est utilisée. Pour assurer cette condition, on définit une *séquence d'orqsets* de manière analogue au préfixe de $QCSP^+$, et parmi ces séquences, celles répondant à cette conditions seront de véritables *préfixes de $QCOP^+$*.

Définition 43 (Séquence d'orqsets) *On appelle* Séquence d'orqsets *une suite de orqsets $((\exists|\forall, W_1, C_1, o_1|A_1), \ldots, (\exists|\forall, W_n, C_n, o_n|A_n))$ tels que la suite de rqsets $((\exists|\forall, W_1, C_1), \ldots, (\exists|\forall, W_n, C_n))$ obtenue en retirant critères d'optimisation et agrégats forme un préfixe de $QCSP^+$ (au sens de la définition 20 du chapitre 5).*

Pour assurer la condition évoquée précédemment, il est nécessaire d'analyser la position où sont définies les variables d'optimisations utilisés dans les critères d'optimisations et les calculs d'agrégats :

Définition 44 (Profondeur d'une variable d'optimisation)
Soit $P = ((q_1, W_1, C_1, o_1|A_1), \ldots, (q_n, W_n, C_n, o_n|A_n))$ une séquence d'orqsets.

– *La* profondeur *d'une variable existentielle v est égale à i dans P si, et seulement si $v \in W_i$.*
– *La* profondeur *d'un agrégat (a, f, o) est égale à i dans P si, et seulement si $(a, f, o) \in A_i$. On note $prof(X)$ la profondeur d'une variable d'optimisation X.*

Par ailleurs, pour une profondeur i, on note $q(i) = \forall$ ssi $q_i = \forall$ et $q(i) = \exists$ ssi $q_i = \exists$.

La condition de ne pas avoir de quantificateur universel entre une variable d'optimisation et l'endroit où elle est utilisée peut alors être formalisée, et on la pose comme nécessaire à la création d'un préfixe de QCOP$^+$:

Définition 45 (préfixe de QCOP$^+$) *Un* préfixe de QCOP$^+$ *est une séquence d'orqsets $P = ((q_1, W_1, C_1, o_1|A_1), \ldots, (q_n, W_n, C_n, o_n|A_n))$ telle que, pour toute position i de P :*
– *si $q(i) = \exists$, si $o_i = Max(X)$ alors $prof(X) > i$ et pour tout $j \in [i, prof(X) - 1]$, $q(j) = \exists$;*
– *si $q(i) = \forall$, alors $\forall (a, f, o) \in A_i$, $prof(o) > i$ et pour tout $j \in [i, prof(o) - 1]$, $q(j) = \exists$.*

On note que la position de la variable d'optimisation elle même peut rester universelle, ce qui permet à un agrégat d'être utilisé comme variable d'optimisation.

La définition d'un QCOP$^+$ dérive ensuite naturellement de celle des QCSP$^+$:

Définition 46 (QCOP$^+$) *Un* QCOP$^+$ *est un couple (P, G) avec P un préfixe de QCOP$^+$ $[(q_1, W_1, C_1), \ldots, (q_n, W_n, C_n)]$ et G un ensemble de contraintes dont les variables sont contenues dans $W_1 \cup \ldots \cup W_n$.*

7.2.1 Solution d'un QCOP$^+$

Dans un QCOP$^+$, une stratégie donne des valeurs à tous les agrégats du problème. Ces agrégats pouvant être utilisés pour déterminer le coût d'une sous-stratégie, ce choix est plus aisé si les valeurs d'agrégats sont portées directement par la stratégie. La notion de stratégie pour un QCOP$^+$ est donc étendue (par rapport à la définition donnée pour les QCSP$^+$) de manière à inclure les valeurs d'agrégats. Le calcul d'un agrégat se faisant sur l'ensemble des scénarios correspondant à chaque solution d'un restricteur universel, on place ces résultats dans le n-uplet juste avant les valeurs des variables du rqset universel sur lequel l'agrégat est défini.

L'ensemble des stratégies optimales peut se définir inductivement à la manière de l'ensemble des stratégies gagnantes, en ajoutant comme condition qu'à chaque niveau existentiel, seules les sous-stratégies optimales au regard du critère d'optimisation local sont renvoyées. En outre, les agrégats n'ont pas lieu d'être calculés pour les sous-stratégies "triviales" correspondant aux cas où un restricteur universel n'est pas satisfait. On utilise donc la forme compacte de la notion de stratégie gagnante. Notons val la fonction qui associe à un couple $(a : f(o), S)$ composé d'un agrégat $a : f(o)$ et d'une sous-stratégie S la valeur de l'agrégat sur cette sous-stratégie. L'ensemble des stratégies gagnantes optimales est alors défini ainsi :
– $\textsc{win}(([], G)) = sol(G)$
– $\textsc{win}(([(\exists, W, C, any)|P'], G)) = \textsc{win}(([(\exists, W, C)|P'], G))$
– $\textsc{win}(([(\exists, W, C, min(X))|P'], G)) =$
  $\{s \in \textsc{win}(([(\exists, W, C)|P'], G)) \mid s|_X = \displaystyle\min_{s' \in \textsc{win}(([(\exists, W, C)|P'], G))}(s'|_X)\}$
– $\textsc{win}(([(\forall, W, C, A)|P'], G)) =$
  $\{(val(a : f(o), s \mid a : f(o) \in A) \bowtie s \mid s \in \textsc{win}(([(\forall, W, C)|P'], G))\}$

Notons qu'un QCOP$^+$ peut éventuellement posséder plus d'une solution optimale. En effet, par exemple, si tous les critères d'optimisation des orqsets existentiels sont *any*, alors les solutions optimales du QCOP$^+$ seront exactement les solutions du QCSP$^+$ correspondant. En outre, il peut arriver qu'à un niveau existentiel donné, plusieurs sous-stratégies rendent le critère d'optimisation correspondant optimal. Nous discutons de ce point en conclusion.

7.3 Résolution

Si la technique de résolution des QCOP$^+$ est, comme nous l'allons voir plus bas, basée sur celle des QCSP$^+$, il est cependant nécessaire de répondre à un problème d'optimisation par l'optimum

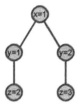

FIGURE 7.3 – Exemple de représentation arborescente d'une stratégie gagnante.

trouvé, sinon par la solution réalisant cet optimum elle-même. Dans la procédure de recherche élaborée pour les QCOP$^+$, nous avons choisi d'extraire la stratégie gagnante associée.

7.3.1 représentation de la stratégie

Une stratégie est représentée formellement comme un ensemble de n-uplets. Cependant, une stratégie se représente aussi de façon naturelle de manière arborescente. Par exemple, considérons le QCSP suivant :

$$([(\exists, \{x\}), (\forall, \{y\}), (\exists, \{z\})], \{x + y = z\})$$

avec $D_x = D_y = \{1, 2\}$ et $D_z = \{3, 4\}$. Ce QCSP a pour solution

$$((1, 1, 2), (1, 2, 1))$$

Dans cette solution, la valeur 1 est affectée à x, puis, en fonction de la valeur de y, z est affectée à la valeur de $x + y$. Ceci peut être représenté par un arbre dont chaque noeud est une affectation. On considère alors comme descendant d'un noeud donné tous les noeuds dont la valeur est fonction de l'affectation correspondante. Dans notre exemple, le noeud $x = 1$ est racine, et possède deux fils directs $y = 1$ et $y = 2$. Le premier possède pour fils $z = 2$, et le second $z = 3$. Une représentation visuelle de l'arbre décrivant cette stratégie est donnée en figure 7.3.

7.3.2 Procédure de recherche

La procédure de recherche d'une stratégie optimale d'un QCOP$^+$ se base sur l'algorithme de résolution des QCSP$^+$ présenté en figure 5.1 dans le chapitre 5. Il est adapter de manière à prendre en compte les critères d'optimisations et les agrégats :

- tout d'abord, la stratégie gagnante découverte est extraite, sous la forme arborescente décrite en 7.3.1.
- pour chaque orqset existentiel possédant un critère d'optimisation $\min(X)$, l'algorithme tente de découvrir toutes les sous-stratégies gagnantes. La sous-stratégie dans laquelle X a la valeur minimum est renvoyée.
- pour chaque orqset universel possédant un ensemble d'agrégats A :
  - l'ensemble S' des sous-stratégies correspondant à chaque solution du restricteur est extrait.
  - Les agrégats sont calculés sur cet ensemble : pour chaque agrégat $a : f(o)$, (1) le multi-ensemble des valeurs de o pour chaque sous-stratégie de S', et (2) la fonction f est appliquée à ce multi-ensemble afin de calculer la valeur de l'agrégat.
  - La représentation en arbre de la sous stratégie correspondant à ce est alors généré, les valeurs des agrégats ajoutés, et le tout renvoyé.

Si il n'existe pas de sous-stratégie gagnante à renvoyer à un moment donné, l'algorithme renvoie la valeur *null*.

La figure 7.4 montre l'algorithme détaillé de cette procédure.

Procedure Solve ($[o|P'], G$)
  if o = orqset existentiel **then**
    return Solve_e ($[o|P'], G$)
  else
    return Solve_u ($[o|P'], G$)
  end if

Procedure
Solve_e ($[(\exists, W, C, \min(X))|P'], G$)
  BEST_STR := null
  BEST_Xvalue := $+\infty$
  SOL = solve_CSP(C)
  for all $t \in SOL$ **do**
    CUR_STR := Solve($(P', G)[W \leftarrow t]$)
    if CUR_STR $\neq$ null **then**
      CUR_Xvalue := CUR_STR$|_X$
      if CUR_Xvalue < BEST_Xvalue **then**
        BEST_STR := CUR_STR
        BEST_Xvalue := CUR_Xvalue
      end if
    end if
  end for
  return tree(t,{ BEST_STR })
Procedure Solve_u ($[(\forall, W, C, A)|P'], G$)
  for all $\forall a{:}f(X) \in A$ **do**
    VAL_a := $\emptyset$
  end for
  STR := $\emptyset$
  SOL = solve_CSP(C)
  for all $t \in SOL$ **do**
    CUR_STR := Solve($(P', G)[W \leftarrow t]$)
    if CUR_STR = null **then**
      return null
    else
      for all $a{:}f(X) \in A$ **do**
        VAL_a := VAL_a $\uplus\{\!\{$ CUR_STR$|_X \}\!\}$
      end for
      STR := STR $\bigcup$ CUR_STR
    end if
  end for
  return tree(($f($VAL_a$))_{a{:}f(X)\in A}$, STR)

FIGURE 7.4 – Procédure de recherche pour les QCOP$^+$.

$\exists X \in D_X$
  $\exists Y \in D_Y$
    $\exists A \in D_A$
      $\exists B \in D_B$
        $\dots$
      any
    any
  $\min(B)$
$\min(A)$

FIGURE 7.5 – Problème où le Branch-and-Bound ne peut pas s'appliquer

7.3.3 Branch-and-bound

Comme nous l'avons évoqué au début de ce chapitre, dans les problèmes d'optimisation de contraintes (non quantifiées), une technique commune de résolution appelée *branch and bound* consiste, au fur et à mesure que des solutions sont trouvées, à poser des nouvelles contraintes de manière à ne plus considérer comme solutions des affectations "moins intéressantes" selon le critère d'optimisation choisi. Par exemple, si on cherche une solution d'un problème de contraintes C qui minimise une certaine variable $X \in var(C)$, alors, à la découverte d'une solution affectant la valeur a à X, le solveur reprendra la résolution du problème en intégrant la contrainte $X < a$, qui contribuera en tour à l'élagage de l'arbre de recherche.

Dans le cas des QCOP$^+$, il n'est en général pas possible d'utiliser cette technique pour accélérer la recherche. En effet, on ne peut utiliser cette technique qu'à des niveaux où les conditions d'optimisations ne se *chevauchent* pas, ce qui se produit dans le cas d'un QCOP$^+$ possédant des orqsets $(\exists, W_i, C_i, min(X))$ avec $X \in W_k$ et $(\exists, W_j, C_j, min(Y))$ avec $Y \in W_l$ tels que $i < j < k < l$.

Exemple 47 *Prenons par exemple le problème décrit en figure 7.5. Supposons qu'il existe trois stratégies $s0 = \{(x_0, y_0, a_0, b_0)\}$, $s_1 = \{(x_1, y_1, a_1, b_1)\}$ et $s_2 = \{(x_1, y_2, a_2, b_2)\}$ telles que $a_1 > a_0$, $a_2 < a_0$ et $b_1 < b_2$. Une fois la stratégie s_0 extraite, si on poste la contrainte $A < a_0$ avant de continuer la recherche, alors s_1 n'est plus considérée comme solution, ce qui fait que s_2, qui a une meilleure valeur a_2 pour A au regard du critère d'optimisation $min(A)$, est retenue comme stratégie optimale. Cependant, sans branch-and-bound, le critère d'optimisation $min(B)$ considéré lors du choix de la valeur de Y fait qu'à ce niveau, c'est la stratégie s_1 qui est renvoyée pour la branche $X = x_1$. Cette stratégie étant moins intéressante selon $min(A)$, c'est l'affectation $X = x_0$, conduisant à la stratégie s_0, qui aurait été choisie au niveau du premier orqset.*

7.4 Exemples

7.4.1 Tarification de liens

Le problème de tarification de réseaux consiste en un opérateur telecom proposant des canaux de communication $a_i \to b_i$ sur lesquels il fixe des tarifs de passage, et plusieurs clients j devant acheminer des données d'un point c_j vers un point d_j. Pour passer par un des canaux l'opérateur, il en coûte au client le déplacement de ses données du point c_j vers le point a_i, plus le tarif fixé par l'opérateur (multiplié par la quantité de données qu'il transporte). Si aucune route ne lui permet un passage pour un coût inférieur à une somme u_j, il ira voir la concurrence. Le problème est donc de fixer les tarifs des différents canaux de communications, tout en sachant que chaque client réagira en choisissant la solution globalement la moins onéreuse pour lui. Par exemple, la figure 7.6 illustre une instance de ce problème avec deux clients et trois routes possibles. Ce problème est repris de [20].

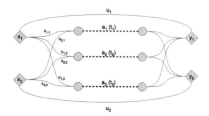

FIGURE 7.6 – Un problème de tarification de liens

Les objectifs des clients ne sont pas totalement opposés à l'objectif de l'opérateur : en effet, la fonction d'optimisation du client comprend le coût d'acheminement des données du client vers le point d'entrée d'une des routes de l'opérateur, alors que celle de l'opérateur ne s'intéresse qu'au montant qui lui est versé par le client.

Une instance de ce problème est caractérisée par de nombreuses constantes. Outre le nombre de routes, le nombre de clients et le nombre de tarifs possible pour chaque route, qui influeront sur le nombre et la nature des variables, il est nécessaire de connaître pour chaque client la quantité de données qu'il souhaite transmettre, ce qu'il lui en coûte pour acheminer ses données vers les différents points d'entrée de l'opérateur, et enfin le montant maximum qu'il est prêt à débourser. On représente ces constantes dans des tableaux de valeur comme suit :

- c[i,j] représente le coût au méga-octet de l'acheminement des données du client i au point d'entrée j ;
- d[i] indique la quantité de données que le client i veut transférer ;
- u[i] est le montant maximum au méga-octet que le client i est prêt à débourser.

En outre, on note N_{Custom} et N_{arc} le nombre de clients et le nombre de routes du problème.

Une modélisation de ce problème en QCOP$^+$ peut alors être :

```
∃ t[1], ..., t[NArc] ∈ [0,max]
| ∀ k ∈ [1,NCustomer]
| | ∃ a ∈ [1,NArc],
| | | cost ∈ [1,max],
| | | income ∈ [0,max]
| | | cost = (c[k,a]+t[a])*d[k]
| | | income = t[a]*d[k]
| | | cost =< u[k]
| | Min(cost)
| s :sum(income)
Max(s)
```

Dans cette modélisation, le premier orqset définit autant de variables $t[i]$ qu'il y a de routes. Ces variables représenteront les tarifs appliqués à chacune de ces routes. Le deuxième est universel et force donc à considérer toutes les valeurs de k. Cette variable est en réalité utilisée comme identifiant de client : à chaque valeur de k correspond un client, dont le comportement est décrit dans le troisième orqset : celui-ci définit les variables *cost* et *income* correspondant respectivement au coût total du transfert pour le client et à la somme perçue par l'opérateur par le client. Il contient aussi les contraintes permettant de fixer les bonnes valeurs à ces variables [1].

Au niveau des conditions d'optimisation, une fois les tarifs fixés, l'objectif de chaque client est de minimiser son propre coût. Le critère d'optimisation du troisième orqset est donc $Min(cost)$. Le but de l'opérateur étant de maximiser ses revenus, il est nécessaire de faire la somme de ce que chaque client paye à l'opérateur. Pour cela, on définit un agrégat s : $sum(income)$ au niveau du deuxième orqset : cet agrégat représente la somme des valeurs de la variable *income* pour chaque valeur possible de k. Il reste donc à définir au niveau du premier orqset un critère d'optimisation indiquant qu'on cherche à maximiser cette somme, c'est-à-dire $Max(s)$.

Expérimentations   Nous avons essayé de résoudre différentes instances de ce problème. Pour ce faire, nous avons généré aléatoirement plusieurs ensembles d'instances, chaque ensemble étant caractérisé par deux paramètres : d'une part, le nombre de liens détenus par l'opérateur et d'autre part le nombre de clients voulant utiliser ces liens. Les instances d'un même ensemble diffèrent sur le prix maximum acceptable pour chaque client (les constantes u[i] dans le modèle tel qu'il est décrit ci-dessus), ainsi que sur les coûts initiaux pour acheminer les données du point de départ vers le point d'entrée de chaque lien (les constantes c[i,j]), ces données étant tirées aléatoirement. Chaque ensemble contient 100 instances. Dans tous les problèmes, l'opérateur a le choix entre cinq tarifs possibles pour chaque lien.

Ces tests ont été menés sur des machines équipées chacune de deux Opteron dual-core et de 4 Go de RAM. Notre solveur QeCode étant mono-threadé, chacun des coeurs d'exécution traitait

---

1. Par soucis de simplification, les contraintes Element sont notées sous leur forme simplifiée t[x] = v . De plus, le passage par certaines variables auxiliaires éventuellement nécessaire dans certains solveurs de contraintes ont été ignorées

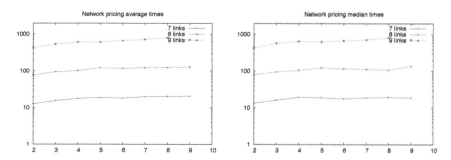

FIGURE 7.7 – moyenne et médiane des temps de résolution (ordonnée, en secondes) du *problème de tarification de liens* pour 7, 8 et 9 liens, et pour entre 2 et 9 clients (en abscisse).

une instance différente. La résolution de toutes les instances a été menée à terme. La figure 7.7 montre les temps de résolution moyens et médians de ces tests. Les instances ayant un nombre de liens inférieur à 7 ne sont pas montrées car la majorité d'entre elles sont résolues en moins d'une seconde.

On remarque que le nombre de clients influe peu sur le temps de résolution par rapport au nombre de liens. Ceci est naturel, étant donné que l'ajout d'un client conduit simplement à ajouter le "calcul" du chemin qu'il empruntera, alors que l'ajout d'un lien offre un choix de plus à chaque client et, surtout, multiplie les différents choix possibles de tarification de l'opérateur.

7.4.2 Usine et pêcheur

Dans le problème décrit en 7.1.2, trois agents prennent tour à tour des décisions :
– la collectivité, qui fixe une taxe sur l'usine T_u et une autre sur le pisciculteur T_p en fonction de la pollution qu'ils génèrent ;
– l'usine, qui décide de la quantité de produits Q_A et Q_B qu'elle fabriquera, sachant que la production nécessite l'achat de matières premières ;
– enfin, le pisciculteur, qui décide aussi de la quantité de truites Q_t et de saumons Q_s à produire, sachant là aussi qu'il a des coûts de production.

La modélisation de ce problème en QCOP$^+$ nécessite aussi d'autres variables auxiliaires : P_U et P_P représentent la quantité de pollution générée respectivement par l'usine et le producteur, tandis que les coûts totaux de production des deux entrepreneurs sont représentés par $Cost_U$ et $Cost_P$. Leurs chiffres d'affaires respectifs sont représentés par Ca_U et Ca_p et leurs bénéfices (chiffre d'affaire moins taxes et coûts de production) par B_P et B_U.

Chacun des exploitants cherche à maximiser son bénéfice, tandis que la collectivité tente de maintenir un équilibre entre pollution engendrée et taxes reçues. La fonction objectif correspondante sera calculée dans *Optim*.

Ce problème a aussi d'autres paramètres, que l'on représentera ici par des constantes : pa et pb sont les coûts unitaires de fabrication des produits A et B pour l'usine, ps et pt ceux du saumon et de la truite pour le pisciculteur. Les prix de vente de ces quatre marchandises répondent au principe de *"ce qui est rare est cher"* et sont respectivement calculés en ajoutant à un prix de base pva (resp. pvb) une valeur inversement proportionnelle à la quantité produite, ce que calculent les formules $pva + \frac{pv'a}{Q_A}$, $pvb + \frac{pv'b}{Q_B}$, $pvs + \frac{pv's}{Q_S}$ et $pvt + \frac{pv't}{Q_T}$. Les fonds de réserve de l'usine et du pisciculteur (qui leurs permettent de supporter les coûts de production) sont respectivement fru et frp. Les variables pol_a, pol_b, pol_s et pol_t correspondent à la pollution engendrée par la production d'une unité de produit A, produit B, saumon et truite, chaque unité de pollution engendrée par l'usine pénalisant le pisciculteur d'un surcoût de pen_s pour produire une unité de saumon et de pen_t par unité de truite.

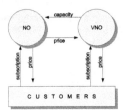

FIGURE 7.8 – Tarification de réseaux virtuels

Le modèle en QCOP$^+$ de ce problème peut alors être :

$\exists T_u, T_p$
$| \ \exists Q_A, Q_B, Cost_U, P_U, Ca_U, B_U$
$| \ | \ Cost_U = pa.Q_A + pb.Q_B$
$| \ | \ Cost_U <= fru$
$| \ | \ P_U = pol_a.Q_A + pol_b.Q_B$
$| \ | \ Ca_U = ((pva + (\frac{pv'a}{Q_A})) + (pvb + (\frac{pv'b}{Q_B})))(1 - T_u.P_U)$
$| \ | \ B_U = Ca_U - Cost_U$
$| \ | \ \exists Q_S, Q_T, Cost_P, P_P, Ca_P, B_P, A_{all}, Optim$
$| \ | \ | \ Cost_P = (pa + pen_s.P_U).Q_S + (pt + pen_t.P_U).Q_T$
$| \ | \ | \ P_P = Q_S + 2.Q_T$
$| \ | \ | \ Ca_P = ((pvs + \frac{pv's}{Q_S}).Q_S + (pvt + \frac{pv't}{Q_T}).Q_T).(1 + T_p.P_P)$
$| \ | \ | \ P_{all} = P_U + P_P$
$| \ | \ | \ B_P = Ca_P - Cost_P$
$| \ | \ | \ Optim = a.P_{all} - b.(T_u.P_U + T_p.P_P)$
$| \ | \ max(B_P)$
$| \ max(B_U)$
$min(Optim)$

7.4.3   Tarification de réseaux virtuels

Cet exemple, extrait de [5], tire son inspiration de la structure actuelle des réseaux télécoms : une oligarchie d'opérateurs télécom détiennent les infrastructures réelles des réseaux. Des opérateurs virtuels peuvent ensuite louer une partie de leur bande passante pour fournir les mêmes services au marché.

La figure 7.8 illustre les relations entre un opérateur (NO), un opérateur virtuel (VNO) et l'ensemble des clients. On se place du point de vue du NO : son but est de déterminer deux paramètres : le prix y_1 du service pour ses propres clients, et le prix y_2 de location de la bande passante restante au VNO. Celui-ci doit alors prendre deux décisions : le prix z_1 à faire payer à ses propres clients et la quantité de bande passante z_2 louée au NO. Une fois ces décisions prises, les clients, au nombre total de q, choisissent l'un ou l'autre des opérateurs, selon une répartition représentée par les variables n_1 et n_2 (nombre de clients respectifs du NO et du VNO), selon une formule pré-établie : $n_i = k_i + r_{i,1}y_1 + r_{i,2}y_2$, les paramètres k_i, $r_{i,1}$ et $r_{i,2}$ étant donnée au préalable par une analyse du marché. En outre, les frais de fonctionnement fixes du NO et du VNO sont respectivement de g_1 et g_2, et la fourniture de service engendre un surcoût de respectivement e_1 et e_2 par client. Une autorité de régulation fixe une limite haute U_1 au prix de location des infrastructures que peut demander le NO au VNO, et le NO ne peut allouer plus de U_2 de bande passante au VNO.

Les autres variables du problème sont les bénéfices du NO et du VNO, nommées respectivement rno et $rvno$. Chaque opérateur cherche à maximiser son bénéfice.

const $d, D, U_1, U_2, k1, r_{1,1}, r_{1,2}, r_{2,1}, r_{2,2}, g?1, q$
$\exists y1 \in D_{y_1}, y_2 \in D_{y_2}$
$| [d \leq y_1, y_1 \leq D, y_2 \leq U_1]$
$| \exists z_1 \in D_{z_1}, z_2 \in D_{z_2}$
$| | [d \leq z_1, z_1 \leq D, z_2 \leq U_2]$
$| | \exists n_1 \in D_{n_1}, n_2 \in D_{n_2}, rno \in D_{rno}, rvno \in D_{rvno}$
$| | | n_1 = k_1 - r_{1,1} \times y_1 + r_{1,2} \times z1$
$| | | n_2 = k_2 + r_{2,1} \times y_1 - r_{2,2} \times z1$
$| | | rvno = (q - e_2 * z1) * n_2 - y_2 * z_2 - g_2$
$| | | rno = g_1 + (q + y_1 + e_1) * n_1 + y_2 * z_2$
$| max(rvno)$
$max(rno)$

7.5 Discussion

Rôle du $\forall$. On remarque dans ces exemples que l'utilisation du $\forall$ change du tout au tout par rapport aux QCSP$^+$: dans ces derniers, il sert à représenter l'adversaire, ou l'incertitude d'un point de vue pessimiste. Dans les CQOP$^+$, son rôle est surtout d'énumérer plusieurs agents similaires et agissant en même temps. Par exemple, dans le problème de tarification de liens, il exprime le fait qu'on cherche un ensemble de tarifs, tel que la somme des rentrées d'argent apportée par *tous les clients* soit maximale. Les clients décident en même temps de quelle route chacun choisira, indépendamment les uns des autres. Notons que le comportement des clients est régi par le dernier orqset existentiel, le rôle de l'orqset universel se limitant strictement à multiplier ces clients, et à collecter les résultats de chacun (via l'agrégat somme).

Un agent est donc exprimé plus naturellement par un orqset existentiel. Cependant, si deux agents modélisés de cette façon se retrouvent avec des critères d'optimisation strictement opposés (par exemple, minimiser une variable x pour l'un, et la maximiser pour l'autre), cela n'est pas équivalent à une modélisation en QCSP$^+$. En effet, deux agents opposés en QCOP$^+$ ne peuvent pas invalider les contraintes posées. Intuitivement, celles-ci ne fixent donc pas une le cadre dans lequel les deux agents se situent, et la condition de victoire est remplacé par une mesure du meilleur score que peut obtenir le premier agent face à son adversaire. Notons qu'il reste cependant possible d'utiliser le $\forall$ pour modéliser un adversaire cherchant à totalement invalider les actions de l'agent, comme dans les modélisations en QCSP$^+$ présentées auparavant.

Remarquons aussi que par définition, une fonction d'agrégat peut être une simple minimisation d'une variable existentielle : il est tout à fait possible de construire un préfixe de QCOP$^+$ de ce type :

$$[(\exists, \{x\}, C, max(s)), (\forall, \{y\}, C_2, s : min(z)), (\exists, \{z\}, C_3, any)]$$

Bien que cela puisse paraître similaire, on introduit cependant une différence fondamentale en remplaçant l'orqset universel par un orqset existentiel qui chercherait à minimiser z, donnant un préfixe de ce type :

$$[(\exists, \{x\}, C, max(z)), (\exists, \{y\}, C_2, min(z)), (\exists, \{z\}, C_3, any)]$$

En effet, dans le premier cas, si une affectation de y satisfaisant C_2 entraîne une inconsistance de C_3, le problème sera considéré comme faux, alors que cette valeur sera ignorée dans le cas d'un préfixe purement existentiel, où on optimise uniquement sur les scénarios qui respectent C_1, C_2 et C_3. La représentation d'un adversaire par des orqset de type $(\forall, W, C, s : min(X))$ permet de modéliser en même temps un but capital à atteindre (que l'adversaire peut éventuellement purement et simplement empêcher) et le fait que l'adversaire, s'il ne peut empêcher le but de se réaliser, cherchera tout de même à obtenir une solution la plus embarrassante possible pour le meneur.

Cas des sous-problèmes à plusieurs solutions optimales Tel quel, le formalisme des QCOP$^+$ souffre encore d'une faille : dans le cas où le problème du suiveur admet plusieurs sous-solutions optimales, il peut arriver que chacune de ces sous-solutions aient un score très différent pour le meneur. Dans ce cas, selon le formalisme actuel, le problème admet plusieurs solutions optimales, mais chacune possède néanmoins un score très différent pour le meneur. Dès lors, il n'est pas possible de donner de manière unique le score que le meneur peut espérer atteindre.

Ce problème de modélisation peut être contourné lors de la création de problèmes en définissant pour les suiveurs un critère d'optimisation qui ne permettra qu'une seule solution optimale. Par exemple, pour un meneur cherchant à minimiser A et un suiveur cherchant à la base à minimiser B, on peut modéliser le suiveur de façon à ce qu'il minimise en fait $C = k.B + A$, avec k une constante suffisamment grande. Ainsi, le suiveur cheche en premier lieu à minimiser B, et dans le cas où il y a plusieurs solutions optimales, il choisit celle qui minimise A. Cela représente une situation dans laquelle le meneur est optimiste au niveau de la solution que choisira le suiveur. En définissant $C = k.B - A$, on représente au contraire un meneur pessimiste par rapport à la solution qu'est susceptible de choisir le suiveur en cas de choix possible parmi plusieurs solutions optimales.

Néanmoins, sur ce point, le formalisme des QCOP$^+$ peut être encore amélioré pour définir clairement le comportement des différents agents dans ces cas ambigus.

Stratégie gagnante dans un milieu à plusieurs agents. Dans l'exemple du problème Usine-Pisciculteur-collectivité, trois entités différentes entrent en jeu, et ont chacune leur objectif. On se place du point de vue de la collectivité, qui doit prendre les décisions qui optimiseront son propre objectif. Cependant, toutes les variables de ce problème sont existentielles, ce qui implique que la solution est une simple affectation de ces variables : elle représente la décision de la collectivité, suivie de la manière dont va réagir l'industriel, suivi enfin de la décision du pisciculteur. Cela implique donc qu'il n'y ait aucune incertitude sur la décision des suiveurs. Si on veut se placer du point de vue d'un des protagonistes du problème, il est possible de représenter tous les autres par un orqset universel, mais il faut cependant être précautionneux quant aux restrictions définies dans chaque orqset : il faut en effet éviter que le problème se retrouve sans solution à cause d'un sous-problème universel qui échouerait. Par exemple, si on se place du point de vue du pisciculteur, alors l'industriel t la collectivité sont représentés par des orqsets universels, mais il faut alors considérer comme solution le fait que le pisciculteur ne puisse pas maintenir son activité (dans la modélisation présente, il suffit d'accepter 0 dans le domaine des variables du pisciculteur, représentant le fait qu'il cesse son activité, et ne génère donc plus de revenus, ni de pollution, ni de taxes pour la collectivité). De même, si on se place du point de vue de l'industriel, les situations où il cesse son activité doivent être considérées comme des solutions (où les retombées environnementales de l'usine, et sur le pisciculteur, et sur la collectivité, sont nulles).

Chapitre 8

Conclusion

Des formalismes de décision et d'optimisation simples

Le premier objectif de cette thèse était d'apporter une solution aux difficultés de modélisation qui se présentaient dans le formalisme des QCSP, qui se traduisaient essentiellement par la difficulté de restreindre la portée du quantificateur universels aux seules affectations des variables correspondant à une situation réelle, et donc d'éliminer de la recherche toute affectation "non sensée" des variables. Plusieurs autres études de ce problème ont été réalisés et publiées avant cette thèse, découlant chacune sur une solution différente : principalement, les CSP Stratégiques et la règle de la Pure-Value, dont la modélisation "Ghost-and-shadows" tire parti.

La modélisation Ghost-and-Shadows souffre cependant d'une carence dans la modélisation de problèmes pour lesquels un joueur peut se retrouver empêché de jouer (cas du Nim Black-Jack), ou, plus simplement, si les coups valides du joueur universel sont moins immédiates à exprimer. Les CSP stratégiques requièrent une attention particulière lors de la modélisation de problèmes, mais produisent , dans le cas du Morpion et du Puissance-4, des modèles plus réduits, le plateau de jeu n'étant représenté qu'une seule fois. Cependant, là aussi, cet avantage n'est pas applicable dans les cas où les variations de l'environnement du problème représenté ne sont pas monotones.

Le formalisme des QCSP$^+$ permet quant à lui de modéliser explicitement les restrictions des différent agents sous forme d'un CSP. En outre, la résolution de problèmes modélisés en QCSP$^+$ offre des performances comparables aux autres approches sur les problèmes testés.

Au niveau de l'expressivité des QCSP$^+$, nous avons vu que la modélisation en QCSP$^+$ de certains problèmes comme le jeu de l'Othello n'était pas sans difficultés. Cependant, ces difficultés sont plus liées à la description de l'état du jeu à un instant donné qu'à la structure même du problème. Les problèmes qui restent réellement hors de portée sont ceux pour lesquels la "fenêtre de temps" (représentée par le nombre d'alternances de quantificateurs) est elle-même indéterminée : par exemple, dans le jeu d'échecs ou le jeu de Go, le nombre de tours de jeu n'est pas fixé, et on ne peut donc pas fixer de nombre raisonnable d'alternances de quantificateurs pour les modéliser. Notons cependant que ce problème est aussi d'ordre théorique, de tels jeux incluant des problèmes EXPTIME-complets (comme le jeu d'échecs étendu à un plateau de jeu arbitrairement grand [32]), donc à priori hors de portée de langages PSPACE.

L'étude de la signification d'un problème d'optimisation dans le cas quantifié nous a amené à un formalisme permettant d'exprimer des problèmes de programmation multi-niveaux non-linéaires avec des contraintes. Cela nous a permis de représenter des problèmes alors jusque là inconnus du monde des contraintes. De plus, à l'heure actuelle, les techniques de résolution de modèles multi-niveaux non-linéaires [1] en sont encore à leurs balbutiements, et QeCode est probablement le premier solveur disponible permettant de modéliser et résoudre de tels problèmes d'une manière générale.

---

1. comprendre à plus de deux niveaux. Les techniques de résolution bi-niveaux non-linéaires sont plus avancées

Amélioration de la résolution des QCSP⁺

La procédure de résolution des QCSP⁺ présentée au chapitre 5 ici repose sur une approche par énumération du problème, cependant on peut se demander s'il n'y a pas d'autres approches exactes pratiquables. Par exemple, la question d'une conciliation du principe de quantification restreinte avec une approche bottom-up de la résolution telle que définie dans [56] pour les QCSP reste ouverte. Néanmoins, tout en restant dans un algorithme de type propagation-énumération, des améliorations peuvent être apportées, notamment par la mise au point d'heuristiques de recherche générales, et l'étude d'algorithmes de résolution parallèles.

Heuristique de recherche. Du côté des heuristiques de recherches générales, Bessière et Verger ont d'ores et déjà proposé une heuristique de choix de valeur efficace et générale, mais qui impose de préciser quelle est la variable de décision du problème. Il reste donc à étudier un moyen de détecter cette variable automatiquement. Notons que dans le cas des QCSP⁺, cette variable (ou ensemble de variables) possède la particularité de décider complètement un restricteur, dans le sens où une affectation donnée de cette variable se retrouve dans au plus une solution du restricteur. Cette détection est donc avant tout un problème portant sur la structure d'un CSP.

Résolution parallèle. Se pose aussi la question de l'introduction du parallélisme dans la procédure de résolution. Une approche de la résolution parallèle d'un CSP consiste à diviser le problème en plusieurs sous-problèmes que chacun des processeurs tentera de résoudre. Une structure de partage de travail (centralisée ou non) permettant d'équilibrer la charge sur toutes les unités de calcul. Cette approche pourrait être utilisée pour résoudre des QCSP⁺. La résolution des CSP via cette méthode ne produit généralement pas une très bonne accélération par rapport à la performance d'un algorithme séquentiel, car il est difficile d'utiliser une bonne heuristique de découpage du problème. Dans le cas quantifié, considérant que, d'une part, la recherche d'une solution implique de commencer à énumérer les variables selon l'ordre imposé par le préfixe, et que d'autre part, étant donné qu'il est nécessaire d'explorer l'ensemble d'une stratégie gagnante (pour le joueur existentiel si le problème est satisfiable, ou pour le joueur universel dans le cas contraire), ce problème pourrait avoir un impact plus faible. Une autre approche parallèle consisterait à lancer la résolution avec plusieurs techniques et/ou heuristiques de recherches différentes. Cette méthode a déjà fait ses preuves dans le domaine des problèmes SAT où le solveur ManySAT [38], basé sur cette technique, a remporté la compétition SAT Race 2008.

Des méthodes de résolution non-exactes ?

La résolution des problèmes proposée ici repose sur une approche exacte : les procédures de résolution décrites dans cette thèse retournent une stratégie gagnante s'il en existe une, et *faux* s'il n'y en a pas. On peut cependant se demander s'il est en général raisonnable de tenter de résoudre ces problèmes de cette manière : d'une part les problèmes que nous traitons actuellement sont relativement petits, et dans la pratique, pour un agent ayant à faire face à un adversaire ou une incertitude, un choix qui n'est sur que dans une certaine mesure peut convenir. Dans le domaine ludique par exemple, bien que l'Othello ne soit pas encore résolu, il est pratiquement impossible pour un joueur humain de gagner contre un algorithme dédié. D'un point de vue théorique, cela équivaudrait à rechercher des solutions approchées, comme on le fait actuellement en contraintes (non quantifiées), par exemple avec les métaheuristiques. Il faut alors cependant se doter d'un moyen de définir deux choses : (1) une bonne fonction calculant l'éloignement d'une stratégie par rapport à une stratégie gagnante, sachant que le fait que dans un problème avec un adversaire intelligent, les fonctions les plus simples comme le nombre de scénarios perdants sont susceptibles de ne pas fonctionner[2], et (2) une notion de voisinage sur les stratégies (cette notion étant sans doute plus vaste qu'elle ne l'est déjà dans le cas non quantifié).

Le formalisme des CSP stochastiques est celui qui se rapproche le plus de cette notion de solution approchée, dans le sens où il permet de définir des probabilités sur les valeurs prises

---

2. dans un jeu à deux joueurs, l'ensemble des scénarios comportant au moins un coup de l'adversaire qu'un humain qualifierait de "complètement idiot" sont bien plus nombreux que les scénarios où l'adversaire "joue bien"

par les variables représentant l'incertain, et de fixer un seuil de probabilité de gagner au dessus duquel une solution peut être considérée comme acceptable. Cependant, ce formalisme repose sur l'explicitation de la distribution de probabilités sur l'ensemble des variables stochastiques. Tandis que cela convient pour représenter une situation avec un réel incertain (sans intelligence), il est pas clair que ce soit adapté à la modélisation de la rationalité d'un adversaire intelligent, mais néanmoins pas infaillible. On peut par ailleurs, on peut aussi se demander quel serait le sens d'une contrainte quantifiée "molle", pour créer le formalisme des Weighted-QCSP : que serait alors une stratégie gagnante acceptable ? Là aussi, la question reste ouverte.

Différents types de problèmes

Quand on parle de problèmes de décision avec adversaire ou incertitude, on évoque en réalité une classe de problèmes très large, qu'il apparaît nécessaire de classifier un peu plus, afin d'étudier à quels types de problèmes l'approche de résolution présentée dans cette thèse est adaptée. Par exemple, sur les problèmes de vérification (de circuits par exemple), il est nécessaire de passer par une méthode complète, et l'extraction (ou au moins la preuve de l'existence) d'une stratégie gagnante est incontournable. Sur ces problèmes, la modélisation en QCSP et la résolution exacte sont adaptées. À l'opposé, une solution d'un problème avec incertitude peut être une stratégie qui a le plus de probabilité de réussir, même s'il peut persister des situation d'échec, mais suffisamment improbables pour être négligées. ces problèmes sont donc naturellement plus en phase avec une approche stochastique. En ce qui concerne les problèmes avec adversaire, la découverte d'une stratégie gagnante garantit la victoire, mais l'absence de solution permet de délivrer aucune information sur le problème, là où d'autres approches seraient susceptibles d'apporter une réponse un peu plus "fine", comme par exemple des formalismes basés sur la relaxation de contraintes.

En ce qui concerne les problèmes d'optimisation, la prise en compte de la rationalité des agents est aussi intéressante : tels que définie, la résolution des $QCOP^+$ fournit une solution dans laquelle est prise en compte uniquement un comportement totalement rationnel de tous les agents. On peut là aussi se demander ce qu'il pourrait se passer dans les cas où un des agents représentés pourrait ne pas agir exactement en conformité avec son critère d'optimisation. Dès lors, il devient nécessaire pour les agents intervenant avant lui de prendre en considération cette possibilité, et d'adapter leurs décisions en fonction.

Bibliographie

[1] Victor Allis. A knowledge-based approach of connect-four - the game is solved : White wins, 1988.

[2] Carlos Ansótegui, Carla P. Gomes, and Bart Selman. The achilles' heel of qbf. In Manuela M. Veloso and Subbarao Kambhampati, editors, *AAAI*, pages 275–281. AAAI Press AAAI Press / The MIT Press, 2005.

[3] K.R. Apt. The essence of constraint propagation. *Theoretical Computer Science*, 221(1-2) :179–210, 1999.

[4] Gilles Audemard, Saïd Jabbour, and Lakhdar Saïs. Symmetry breaking in quantified boolean formulae. In *IJCAI'07 : Proceedings of the 20th international joint conference on Artifical intelligence*, pages 2262–2267, San Francisco, CA, USA, 2007. Morgan Kaufmann Publishers Inc.

[5] Jan-Arild Audestad, Alexei A. Gaivoronski, and Adrian Werner. Extending the stochastic programming framework for the modeling of several decision makers : pricing and competition in the telecommunication sector. *Annals of Operations Research*, 142(1) :19–39, 2006.

[6] Philippe Baptiste, Claude Le Pape, and Win Nuijten. *Constraint-Based Scheduling*. Operations Research and Management Science. Kluwer Academic Publishers, 2001.

[7] Nicolas Beldiceanu and Mats Carlsson. A new multi-resource cumulatives constraint with negative heights. In Pascal Van Hentenryck, editor, *CP*, volume 2470 of *Lecture Notes in Computer Science*, pages 63–79. Springer, 2002.

[8] Nicolas Beldiceanu, Mats Carlsson, Sophie Demassey, and Thierry Petit. Global constraint catalogue : Past, present and future. *Constraints*, 12(1) :21–62, 2007.

[9] Marco Benedetti. Extracting certificates from quantified boolean formulas. In Leslie Pack Kaelbling and Alessandro Saffiotti, editors, *International Joint Conference on Artificial Intelligence*, pages 47–53, Edinburgh, Scotland, July 30-August 5 2005. Professional Book Center.

[10] Marco Benedetti. skizzo : A suite to evaluate and certify qbfs. In Robert Nieuwenhuis, editor, *CADE*, volume 3632 of *Lecture Notes in Computer Science*, pages 369–376. Springer, 2005.

[11] Marco Benedetti, Arnaud Lallouet, and Jérémie Vautard. Reusing CSP propagators for QC-SPs. In Francois Fages Francisco Azevedo, Pedro Barahona and Francesca Rossi, editors, *Joint Annual Workshop of the ERCIM Working Group on Constraints and the CoLogNET area on Constraint and Logic Programming*, pages 201–215, Lisbon, Portugal, June 26-28 2006.

[12] Marco Benedetti, Arnaud Lallouet, and Jérémie Vautard. QCSP Made Practical by Virtue of Restricted Quantification. In Manuela Veloso, editor, *International Joint Conference on Artificial Intelligence*, pages 38–43, Hyderabad, India, January 6-12 2007. AAAI Press.

[13] Marco Benedetti, Arnaud Lallouet, and Jérémie Vautard. Modeling adversary scheduling with QCSP+. In *ACM Symposium on Applied Computing*, Fortaleza, Brazil, March 2008. ACM Press.

[14] Marco Benedetti, Arnaud Lallouet, and Jérémie Vautard. Quantified constraint optimization. In Peter Stuckey, editor, *Principles and Practice of Constraint Programming*, LNCS, Sydney, Australia, Sept 16-18 2008. Springer.

[15] Christian Bessière and Guillaume Verger. Strategic constraint satisfaction problems. In Ian Miguel and Steven Prestwich, editors, *Workshop on Constraint Modelling and Reformulation*, pages 17–29, Nantes, France, sep 2006.

[16] Lucas Bordeaux. *Résolution de problèmes combinatoire modélisés par des contraintes quan-tifiées.* PhD thesis, Université de Nantes, 2003.

[17] Lucas Bordeaux. Boolean and interval propagation for quantified constraints. In Ian Gent, Enrico Giunchiglia, and Kostas Stergiou, editors, *Workshop on Quantification in Constraint Programming*, Barcelona, Spain, 2005.

[18] Lucas Bordeaux, Marco Cadoli, and Toni Mancini. CSP properties for quantified constraints : Definitions and complexity. In Manuela M. Veloso and Subbarao Kambhampati, editors, *National Conference on Artificial Intelligence*, pages 360–365. AAAI Press, 2005.

[19] Lucas Bordeaux and Eric Monfroy. Beyond NP : Arc-consistency for quantified constraints. In Pascal Van Hentenryck, editor, *Principles and Practice of Constraint Programming*, volume 2470 of *LNCS*, pages 371–386, Ithaca, NY, USA, 2002. Springer.

[20] Mustapha Bouhtou, Alexander Grigoriev, Stan van Hoesel, Anton F. van der Kraaij, Frits C.R. Spieksma, and Marc Uetz. Pricing bridges to cross a river. *Naval Research Logistics*, 54(4) :411–420, 2007.

[21] J. Bracken and J. McGill. Mathematical programs with optimization problems in the con-straints. *Operations Research*, 21 :37–44, 1973.

[22] Tom Bylander. The computational complexity of propositional strips planning. *Artificial Intelligence*, 69 :165–204, 1994.

[23] Yves Caseau and François Laburthe. Cumulative scheduling with task intervals. In *Joint International Conference and Symposium on Logic Programming*, pages 363–377, 1996.

[24] Hubie Chen. *The Computational Complexity of Quantified Constraint Satisfaction.* PhD thesis, Cornell University, August 2004.

[25] Hubie Chen. Quantified constraint satisfaction and bounded treewidth. In Ramon López de Mántaras and Lorenza Saitta, editors, *ECAI*, pages 161–165. IOS Press, 2004.

[26] Hubie Chen. Existentially restricted quantified constraint satisfaction. *Inf. Comput.*, 207(3) :369–388, 2009.

[27] Hubie Chen and Martin Pál. Optimization, games, and quantified constraint satisfaction. In Jiří Fiala, Václav Koubek, and Jan Kratochvíl, editors, *MFCS*, volume 3153 of *Lecture Notes in Computer Science*, pages 239–250. Springer, 2004.

[28] Benoît Colson, Patrice Marcotte, and Gilles Savard. An overview of bilevel optimization. *Annals of Operations Research*, 153 :235–256, 2007.

[29] Stephen A. Cook. The complexity of theorem-proving procedures. In *STOC '71 : Proceedings of the third annual ACM symposium on Theory of computing*, pages 151–158, New York, NY, USA, 1971. ACM.

[30] Víctor Dalmau. Some dichotomy theorems on constant-free quantified boolean formulas, 1997.

[31] École des Mines de Nantes. The choco solver website. http ://choco.emn.fr.

[32] Aviezri S. Fraenkel and David Lichtenstein. Computing a perfect strategy for n*n chess requires time exponential in n. In *Proceedings of the 8th Colloquium on Automata, Languages and Programming*, pages 278–293, London, UK, 1981. Springer-Verlag.

[33] Toby Walsh Francesca Rossi, Peter Van Beek, editor. *Handbook of Constraint Programming.* Foundations of Artificial Intelligence Series. Elsevier, 2006.

[34] Gecode Team. Gecode : Generic constraint development environment, 2006. Available from http://www.gecode.org.

[35] Ian P. Gent, Peter Nightingale, and Kostas Stergiou. QCSP-Solve : A solver for quantified constraint satisfaction problems. In Leslie Pack Kaelbling and Alessandro Saffiotti, editors, *IJCAI*, pages 138–143. Professional Book Center, 2005.

[36] I.P. Gent and T. Walsh. Csplib : a benchmark library for constraints. Technical report, Technical report APES-09-1999, 1999. Available from http ://csplib.cs.strath.ac.uk/. A shorter version appears in the Proceedings of the 5th International Conference on Principles and Practices of Constraint Programming (CP-99).

[37] E. Giunchiglia and A. Tacchella. Qube++ : an efficient qbf solvers. In *Fifth International Conference on Formal Methods in Computer Aided Design*, volume 3312 of *LNCS*. Springer Verlag, 2004.

[38] Y. Hamadi, S. Jabbour, and L. Sais. Manysat : a parallel sat solver. *Journal on Satisfiability, Boolean Modeling and Computation, JSAT*, 6 :245–262, 2009.

[39] Shigeki Iwata and Takumi Kasai. The othello game on an n * n board is pspace-complete. *Theoretical Computer Science*, 123(2) :329 – 340, 1994.

[40] Rainer Kolisch, Christoph Schwindt, and Arno Sprecher. Benchmark instances for project scheduling problems, 1998.

[41] Ugo Montanari. Networks of constraints : fundamental properties and application to picture processing. *Information Science*, 7 :95–132, 1974.

[42] Peter Nightingale. Consistency for quantified constraint satisfaction problems. In Peter van Beek, editor, *CP*, volume 3709 of *Lecture Notes in Computer Science*, pages 792–796. Springer, 2005.

[43] Peter Nightingale. *Consistency and the Quantified Constraint Satisfaction Problem*. PhD thesis, University of St Andrews, March 2007.

[44] Peter Nightingale. Non-binary quantified csp : algorithms and modelling. *Constraints*, 14(4) :539–581, 2009.

[45] Christos H. Papadimitriou. *Computational Complexity*. Addison Wesley, 1994.

[46] Cédric Pralet. *A generic algebraic framework for representing and solving sequential decision making problems with uncertainties, feasibilities, and utilities*. PhD thesis, Ecole Nationale Supérieure de l'Aéronautique et de l'Espace, 2006.

[47] Sokoban Is Pspace-complete, Joseph C. Culberson, and Joseph C. Culberson. Sokoban is pspace-complete, 1997.

[48] QeCode Team. QeCode : An open QCSP+ solver, 2008. Available from http://www.univ-orleans.fr/lifo/software/qecode/.

[49] Stephan Reisch. Gobang ist pspace-vollständig. *Acta Inf.*, 13 :59–66, 1980.

[50] J. M. Robson. N by n checkers is exptime complete. *SIAM J. Comput.*, 13(2) :252–267, 1984.

[51] Walter Savitch. Relationship between nondeterministic and deterministic tape classes. *Journal of Computer and System Sciences*, 4 :177–192, 1970.

[52] Thomas Schiex, Hélène Fargier, and Gérard Verfaillie. Valued constraint satisfaction problems : Hard and easy problems. In *IJCAI (1)*, pages 631–639, 1995.

[53] H. Stackelberg. *The theory of market economy*. Oxford University Press, 1952.

[54] Larry J. Stockmeyer. The polynomial-time hierarchy. *Theor. Comput. Sci.*, 3(1) :1–22, 1976.

[55] Guillaume Verger. *Des Quantificateurs dans les Réseaux de Contraintes*. PhD thesis, Université de Montpellier II, 2008.

[56] Guillaume Verger and Christian Bessière. Blocksolve : A bottom-up approach for solving quantified CSPs. In Frédéric Benhamou, editor, *Twelfth International Conference on Principles and Practice of Constraint Programming*, volume 4204 of *Lecture Notes in Computer Science*, pages 635–649, Nantes, France, sep 2006. Springer-Verlag.

[57] Guillaume Verger and Christian Bessiere. Guiding search in qcsp+ with back-propagation. In Peter J. Stuckey, editor, *CP*, volume 5202 of *Lecture Notes in Computer Science*, pages 175–189. Springer, 2008.

[58] Toby Walsh. Stochastic constraint programming. In Frank van Harmelen, editor, *ECAI*, pages 111–115. IOS Press, 2002.

Une maison d'édition scientifique

vous propose

la publication gratuite

de vos articles, de vos travaux de fin d'études, de vos mémoires de master, de vos thèses ainsi que de vos monographies scientifiques.

Vous êtes l'auteur d'une thèse exigeante sur le plan du contenu comme de la forme et vous êtes intéressé par l'édition rémunérée de vos travaux? Alors envoyez-nous un email avec quelques informations sur vous et vos recherches à: info@editions-ue.com.

Notre service d'édition vous contactera dans les plus brefs délais.

Éditions universitaires européennes
est une marque déposée de
Südwestdeutscher Verlag für
Hochschulschriften GmbH & Co. KG
Dudweiler Landstraße 99
66123 Sarrebruck
Allemagne

Téléphone : +49 (0) 681 37 20 271-1
Fax : +49 (0) 681 37 20 271-0
Email : info[at]editions-ue.com
www.editions-ue.com